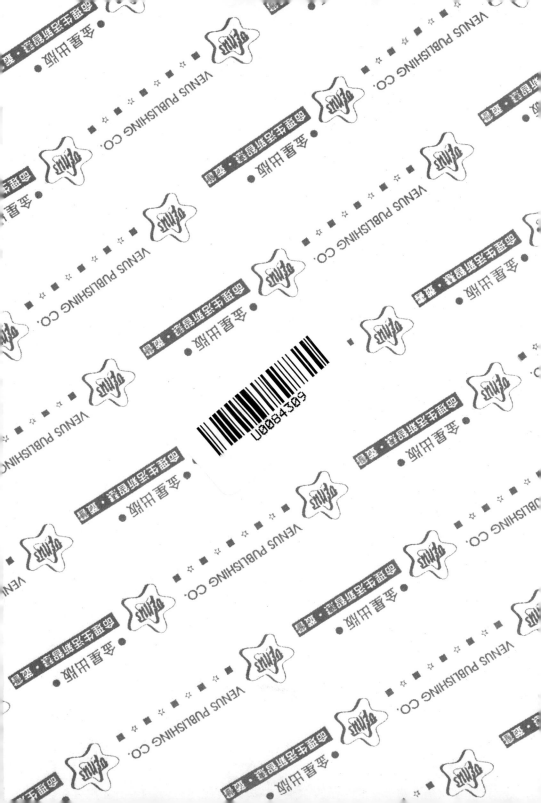

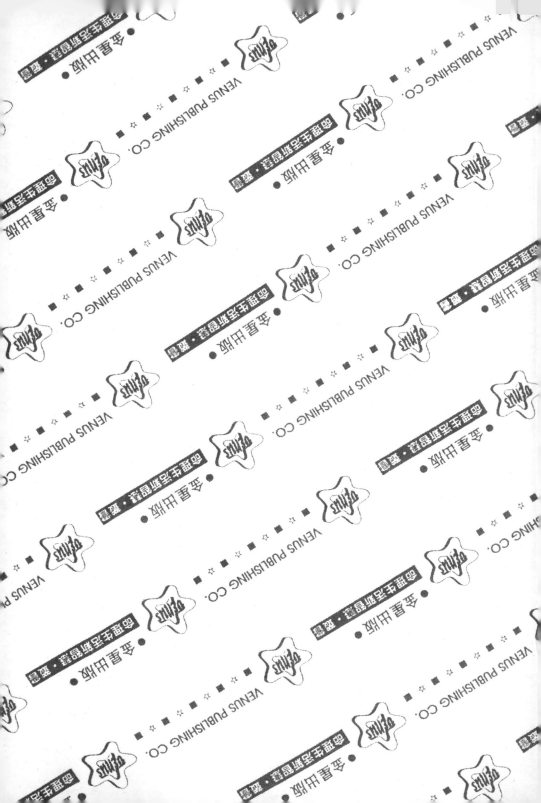

命理生活新智慧・叢書 43-1

如何審命・改命

《全新修訂版》

金星出版社 http://www.venusco555.com
E-mail:venusco555@163.com
venusco@pchome.com.tw
法 雲 居 士 http://www.fayin777.com
E-mail:fayin777@163.com
fatevenus@yahoo.com.tw

法雲居士⊙著

金星出版

國家圖書館出版品預行編目資料

如何審命、改命／ 法雲居士著， --臺北市：金星出版： ，2008年12月[民97年]
修訂1版； 面 ；公分—（命理生活新智慧叢書；43-1）

ISBN:978-957-8270-95-4 （平裝）

293.1 97022587

如何審命、改命《全新修訂版》

作　　者：法雲居士
發 行 人：袁光明
社　　長：袁光明
編　　輯：王璟琪
總 經 理：袁玉成
地　　址：台北市南京東路三段201號3樓
電　　話：886-2-25630620，886-2-23626655
傳　　真：886-2365-2425
郵政劃撥：18912942金星出版社帳戶
總 經 銷：紅螞蟻圖書有限公司
地　　址：台北市內湖區舊宗路二段121巷19號
電　　話：(02)27953656(代表號)
網　　址：http://www.venusco555.com
E-mail：venusco555@163.com
　　　　venusco@pchome.com.tw
法雲居士網址：http://www.fayin777.com
E-mail：fayin777@163.com
　　　　fatevenus@yahoo.com.tw

版　　次：2008年12月全新修訂版　2020年9月　加印
登 記 證：行政院新聞局局版北市業字第653號
法律顧問：郭啟疆律師
定　　價：370元

行政院新聞局局版北字業字第 653 號
(本書遇有缺頁、破損倒裝請寄回更換)

投稿者請自留底稿
本社恕不退稿

ISBN：978-957-8270-95-4（平裝）

序

這本『如何審命、改命？』是另一本『如何觀命、解命？』的下冊續集。原先書名想叫做『如何觀命、解命Ⅱ』。但是想區分一下內容，而且又發覺很多人會觀命以後，便想改命，所以我也想再談談改命的事情。至於為何寫『如何觀命、解命？』的續集？主要是因為在這本書完成後，意猶未盡，似乎仍有一些問題沒有談得徹底，心中塊壘不吐不快。再加上觀命的意義，雖主要在觀財、觀緣份、觀祖德，但在前本書中似乎還是未能講得清楚明白，於是再做一點補充。一方面也兼談改運的問題。

原本我是不認為會有『改命』這件事的，『命』怎會改呢？是要修改八字，改出生年、月、日、時間呢？還是能逆轉乾坤、扭轉命運行運的軌跡呢？還是要重新回到出生的那一刻？我想這些都是任何人都辦不到的事。要是能辦得到，你就可重新認真的選擇父母、重新投胎了。

但是很多人冀望『改命』，而且常常有人來求教。這些非常希望能改命的人都有一個共通點，就是具有一般常人所沒有的非理性的幻想，而且是想得多了一點。普通，正派一點的命理師一定會告訴你：『改命』就是

如何審命、改命

改自己，是改自己的個性，修改自己做人處世的方法，其實最直接的含意就是：要修改你自己的思想。這有點難！因為百分之九十九點九的人都帶有頑固的性格和根深蒂固的思想模式，很難被改變。所以有些人在運氣不好時，容易繼續錯下去，在某些困難、不好解決的事情上深陷泥沼。這些人寧可花一些錢請法師或自稱有法力的算命師來改運、改命。因為他們知道自己永遠也無法戰勝自己。只有請外力幫忙，做為心理上的依賴。不論靈不靈，做了再說。

有些人也會冀望用改名字來改命和改運，但是我常發現一個普遍的現象，一些命中無財的人想改名字、改來改去，總是選擇一些虛無飄渺、文義不通，又乏財的字，來做為新的名字。這就是此人心中就是一個缺財的狀況，也承受不起財，而背離財路很遠，且頑固得一竅不通的情形了。

每個人最早的名字，都是父母、長輩取的。這代表父母在當時的一個心境和對子女的期盼。這也可看出當時父母心境富裕的程度。當然也自然而然的可看出其人家道的興衰了，你倘若是自己替自己取名字、選名字，也一樣會表現出你心境上的貧富差距和吉凶禍福出來，這是一種靈感（第六感）的問題。所以要福至心靈的取到好名字、用到好名字，能改變人一生的命運，仍要從自己的心靈做起。終歸仍然是思想的導向在主導一個人的一生成敗。所以要用改名字來改命、改運的人，顯然繞了一個大彎路，還是回到原點。倘若你真能修正你的思想方向，減少給自己設限，努力學習做人、做事圓通、圓融的方法，創造更多的機緣，也創造更多的財，你就會找到一個好名字做為你這個人一生的標幟。同時，也才能真正的改命、改運了！

我一向認為要用改名字來改命、改運，是要改去名字中帶血光、傷災的部份。因為有血光、傷災的名字，也容易阻斷人的奮鬥精神，阻斷人的前程。也認為財窮的人，則不一定要改名字了。因為心靈、心態富裕的人，做人自然通達，機會多，自然容易進財、得財。心態窮的人，頑固更甚，縱使找了幾百個名字，也難以找到他心中想要的名字，因為這本身就是個矛盾相衝突的事件，做了是多此一舉，不改、不選名字才是聰明的事。

有一回我坐計程車，看到這位駕駛朋友的名字是王才文，他蠻喜歡聊天的，一時興起，我問他：是否常有身體半邊受傷的情形？他說：受傷並不經常，可是多年前的一場車禍，右腿受傷嚴重，至今仍是兩腿不一樣長，走路是跛腳的，他很驚訝，為什麼我會知道，他身體有傷？

如何審命、改命

其實就是因為看了他的名字的關係。『才』字是半邊字，又有一撇ノ』，一腳踢出，『才』字也像一個人拄著拐杖，這是帶血光、傷災的字。這個字又在姓名三個字中間的一個字，代表四十歲以前的運，所以知道他已經有傷在身了。我問他四十歲過了沒？過了就不一定要改名字？沒過就最好去改一下名字。他說：已經四十一歲了，一直想改名，因為沒錢，也存不住錢，所以想改名字。可是找不到人為他改名字，因為害怕被騙。

我想到：這個人還真是人如其名呢！名字三個字都不帶財，中間的『才』字代表他自己，這是有點孤傲，人緣不太圓通的個性。人緣不好，機會就少，得財的緣份就少了。『文』字是古代諡封的字，是對有道德、有文德、有功勞的人死後追封的名號用字。所以這個『文』字在名字的第三個字，想要得到財利，時間尚遠，此生也享受不到了。名字三個字的字劃數五行都是屬火，而姓名的三個字納音五行又是土金格局，尤其是中間的一個字，火金相剋的厲害，自然是財少、脾氣不太好，固執又沒有魄力，難有發展之機會的了。不過，人既然已過了四十歲，傷災已然形成，頭腦也不易改變，改不改名字已不重要了，只是此人尚未結婚，倒是須要在性格上、思想上多加把勁，才會有圓滿的人生。

如何審命・改命

觀命、改命，通常都是旁觀者清，當局者迷的狀況。因為當局者和旁觀者在看待一件事情的角度、地位不一樣，而有眼光、視覺的差別。在觀命時也是一樣的，當事者觀自己的命，是從自己所擁有好的格局，有利的角度來看自己的命理現象，很可能會忽視一些劫空、刑剋、損耗，或是自認為還好吧？不太嚴重嘛！但是為什麼沒財、沒祿、沒成就呢？就是因為這些原以為不太嚴重的問題卻形成了嚴重的後果所致！所以很多人都知道：自己算自己的命不一定準，要請別人（另一個旁觀者）來會同觀命才可能準。這也實在是因為人不能真實的對待自己的結果！

旁觀者觀你的命，首先就會挑出你命格上刑剋、損耗的部份。其次才會在你的命格中找出有利的格局來截長補短，如此彌補改進，所以當事者和旁觀者兩方觀命的基礎點不一樣，所看出的人生問題也會不一樣了。

所有對命理有點涉獵的人都知道一個命理最高的指導守則，那就是一、命。二、運。三、風水。四、看福德。五、讀書。所謂『命』，就是人的思想。所謂『運』就是人行為的演變。所為『風水』，就是大自然中環境的形成與變遷。所謂『福德』，就是人性向善的力量。所謂『讀書』就是求知、求精通、圓達的境界。所以人們在這五種精神與智慧的感召之下，

如何審命・改命

可以有個可身體力行的方向，而這個方向目標是每個人都能做得到的，端看你肯不肯去做罷了！

如何觀命、改命？其實就在於你腦中思想上的靈機一現。當你覺得命不好、運不好的時候，突然靈機一現，想到了好方法，使自己能走出原先的困境，並使自己脫離原先心中的鬱悶、鬱結時，你便是已經改命了。『改命』就是改思想！『改命』就是使自己心中多一點財氣，讓自己對事情的看法客觀、圓融，從而找到機會、機緣與別人交通，增加自己有利的享用，這其中當然也包括了財祿。因此審命、改命！根本是一個因果上的關係。審命看到了『因』，改命造成了『果』，能達到這一層智慧的境界，你就是個格物致知，通情達理，能洞察先機，預知未來的知命者。世界上還有什麼困難會難得住你呢？在此與讀者共勉之！

法雲居士　謹記

命理生活叢書 43-1

如何審命・改命《全新修訂版》

前言

這本『如何審命、改命』在序中我已經談過說到這是『如何觀命、解命』的下集。在上集中我談到許多觀命、解命的方法，包括了一般命理師最喜歡、最常用的觀點，就是以『財』來論人『命』中的得與失、成與敗。即使是六親關係、婚姻姻緣、外緣桃花、財祿的多寡、地位的高下、智慧的賢愚、生命的長短、身體的好壞、工作上的順利與否，都可用命中的『財』來看所有的問題。其次也談到了一些『運』、『福』、『印』的問題。

我曾說過，命理師和真正會論命的人，在觀點角度上是和一般常人，或業餘初學命理的人是不一樣的。真正會論命的人，在看一張命盤時，一定直接切入主題，不會迂迴蜿延的看問題。他們一定是首先便找出有關『刑財』、『刑運』、『刑印』、『刑福』的命理瑕疵的關鍵點出來，繼而再針對問題，找出其人性格上的優異處向此人解釋，鼓勵其應用，來修改、改善先前所找到有關於刑剋部份的問題。這是一種逆向反轉思考，並直接有效的控制問題的方法。這和一般人在看命盤時，先找出命理中好的部份，便歡天喜地。看到刑剋的部份，便假裝視若無睹，故意忽視的觀命法，自然大不相同的。這也是為什麼，命理師和真正會論命者算命較準確的原因了，因為他們是個冷靜的旁觀者，也同時是個認真、專業的人士之故。

『刑財』格局在人的生命中，確實影響巨大。『刑運』的格局是其次影響較大的。『刑財』格局常影響人終身的思想和境遇。而『刑運』格局，對人終身的境遇雖有影響，突破比較容易。並且只要『刑運』不在『命、財、官』等宮位中，而是在大運、流年、流月中影響較顯著，所以要是不逢『刑運』的大運、流年、流月，仍可順利、快活的度日。

『刑福』的格局必須要看其所存在的宮位。例如天同、擎羊是刑福，天同、地劫、天空也是『刑福』，天相、地劫、天空也是『刑福』。天同和陀羅、火、鈴同宮亦是『刑福』。當『刑福』在福德宮時，就是勞碌、無福可享，也會享受不到財福，財有容易流失損耗，會根本福蔭不到自己的身上。是做事辛苦，把事情想得太複雜的關係所致。

當有天同、地劫、天空同宮，或有天相、地劫、天空同宮在福德宮時，其人的思想常有灰色地帶，凡事想放棄，不願意爭取，或無法奮力一拼，也容易失婚，不結婚。所以自然失去許多對自己有利的好處，讓自己少了很多的福氣。

倘若『刑福』在官祿宮，也是勞碌無福，辛苦之後，卻無法承受有利的結果。這也會形成自己常把事情弄糟做不好，找不到工作。或是起先辛苦，即將完成之際，忽然有特殊的想法而放棄，或故意搗蛋，為了讓別人也別想得到好處而自毀前程。所以『刑福』的問題先要看是什麼星在刑剋福星？也要看是在那一宮有『刑福』格局而定。自然問題的癥結就一目瞭然了。有了答案，就可來找應對的方法，這就可以改命了。

『刑印』就非常簡單了，『刑印』就是印星天相和刑星擎羊同宮或相照的情形。以同宮為最凶，相照的影響較不大。天相也是福星，因此『刑印』時也自然刑福。但是天相和地劫、天空同宮的狀況，普通我們都不叫其『刑印』，而稱其『刑福』，讓福氣劫空。雖然這其中也包含了其個人對事件，或對自己福氣的掌控力（權力）被刑剋劫走、空茫了，有不想行使主導權的狀況，但是其追根究底，仍是在放棄屬於自己的福氣，故仍算是『刑福』。

在本書上集『如何觀命、解命』中有談到『刑囚夾印』在夫妻宮，容易嫁娶到犯法、有官非，坐過牢的配偶。其實有『刑囚夾印』格局（廉、相、羊同宮）在六親宮中都會遇到這樣的親屬關係。在父母宮時，父母就是時常有官非在身，會有坐牢紀錄。並且親子關係惡劣，此人幼年時代很辛苦，也容易被父母傷害。在子女宮是子女不良，子女會來剋你。在兄弟宮，是兄弟不良、有犯法、坐牢的人，兄弟會來傷害你。在僕役宮，朋友都是陰險小人，會有不良，犯法，坐牢之人，也會傷害你。這些狀況都要自己小心才行。表面上看起來『刑福』、『刑運』似乎都沒有『刑財』來得嚴重和力量大。但是也同樣會影響人生的走向，或是在人生的轉折處形成後繼無力，或在關鍵點功虧一匱，使人落入更深的深淵之中。所以表面看起來並不太嚴重的事情，往往也是影響人生最鉅的轉折點，而且是壞的轉折點，這一點也是大家不能不警惕的呀！

在上集中也略談了一下，如何尋找人生的潛能，在本書中會更直接明白的談每種有『刑財』命格的人，在尋找人生潛能時更需要注意的問題。或是如何更正想法，如何改善行為方向及多做一些對自己有利的改變，導正了思想觀念上的差異，而且言行一致，想法和行為同在一條正道上，有正確的觀念，也身體力行的做到了，命運自然會有不同的格局，也就真正的『改命』了。

有一位頭腦頑固的朋友，因父親的身體不好要開刀，急於想用改名字的方法來改命，想讓父親避過開刀之災。這位父親是天府、擎羊坐命的人，天府是財庫星，自然就是『刑財』命格了。但是這位朋友非常不以為然的說：『可是，我們家的家產都是我父親賺來的呀！這又如何算是『刑財』命格呢？』

我前面說過『刑財』命格，並不全指對『財』刑剋至無，或賺不到財。

有刑財命格的人仍然是能生活，可賺錢過日子的。而且命理家認為：人只要活著，便具有一定的『財』。但是『刑財』的格局會應在人身上的問題很多，例如應在這位父親身上的就是身體不好、病弱、起起伏伏、要開刀，而且壽命不長了。

『刑財』的格局應在某些人的身上是與家人刑剋不友善，相互仇視，近來有一些傷妻傷子，或是悖於人倫殺父、弒母的人，或是自殘、自殺而亡的人，這些人都是因為命格中是『刑財』的格局，而產生的凶暴不仁，或活不下去的命運狀況。

找不到工作、結不成婚，不想結婚，無法懷孕生子，或是子女留不住，早夭、長不大、虐待子女，或是受父母虐待、無父無母、無家的人，這些問題也是『刑財』的種類之一。工作不順利、升不了官、長期的處於低等的職位之中，智慧不高，或有身體上的殘障，我們也可在其命格中找到『刑財』的格局。

還有一些人略有父母所給予的家產或小康的生活便很滿足了，便不工作，

如何審命、改命

不求長進，或愛說大話，講話尖酸刻薄，或愛做些損人不利己的事情，或是愛製造爭鬥、挑撥是非、與人結仇，這些人的命格中也必然有『刑財』的格局。

所以『刑財』的問題，並不是說此人一定是乞丐之流，身無分文，或一定會很窮、很窮。『刑財』格局會在人生中造成許許多多的問題，並不是單以錢財來衡定的，當然，『刑財』也會造成人的錢財少，和享用的財福會少的狀況。

『刑財』的意義是對人的命格整體來看，以人生的命運做整體的概括定論而有的結果論斷。希望大家能瞭解『財』的意義，如此我們才能談『如何改命』的方法了。

各位讀者或許會覺得奇怪，為什麼在『觀命、解命？』或『觀命、改命？』中都談得是『刑財』、『刑運』、『刑福』等格局，難道命格中就不會再出現其他的刑剋方式了嗎？

其實上述這些格局中是在每個人的命盤中最少有一樣是會碰到的。每個

如何審命、改命

人的命盤中都有相同數量的星曜，每個人的命盤中也都會有南、北斗兩大星系的星曜，同時也都會具有羊、陀、火、鈴、劫空、化忌等煞星，當這些煞星隨生命的時間移轉時，就會有刑剋的問題產生了。這也就是說：每個人的命格中也都有吉的一方和刑剋的一方相互在較力影響。吉星多，趨吉的力量強的、刑剋少的命格就一生會順利一點，財利和成就就多得一些。某些人的命格中只有一種刑剋，例如是『刑運』或『刑福』，只要是在閒宮，如在『父、子、僕』或『兄、疾、田』等宮，影響就會小，甚至有時只是在運限中才會發生問題，小心一點也能躲過。所以每個人的命格中多少都有一些刑剋之事，又要看是刑剋在某宮，『刑剋』其實決定了人絕大多數的命運，能夠掌握『刑剋』，使其發生的衰運減輕，這就是真正能解命、改命的真正良方。

因此我們真正會看命、觀命的人在觀看命盤時，總是正中要害的。要先找出傷害刑剋我們命格的主要罪魁禍首出來，加以制衡，如此才能真正的調理我們的命理格局。達到改善我們命格的目的，而真正的改命。這就是為什麼總是談『刑財』、『刑運』、『刑印』、『刑福』這些問題的原因了。

第一章 各種命格主有各種財

在論命中，我們常可發現，有許多人是命中帶財、命中有財的人。有一些人是命中財少，必須向外求財才有財的人。像財星坐命的人，例如武曲、天府、太陰等坐命者，或是命宮有化祿或祿存的人，就是命中帶財的人。像『殺、破、狼』格局坐命的人就是必須向外求財的人。像『機月同梁』格的人，必須穩定自己周圍的環境才能得財，例如太陽、天同、天機、天梁等等。

向外求財的人，要環境愈動盪愈能得財，財愈多。所以命宮中星曜是動感星曜的人會賺活動性、變動性強的財。命宮中星曜是靜態星曜的人要賺穩定、規律性，按月發放的財。

本命帶財的人，向外找的是機會、機緣。本命沒有財的人，向外找的就是財。例如武曲坐命的人，其遷移宮就是貪狼好運星。貪狼就是機會了。例如太陰在亥宮坐命的人，其遷移宮就是天機星，天機也是一種變動的機會了。又例如天府坐命巳、亥宮的人，其遷移宮是紫殺，紫殺就是一種努力奮鬥打拼使其祥和的機會了。

本命不帶財的人，向外找的是財。例如七殺坐命者，其遷殺宮中一定是紫府、武府、廉府。天府星是財庫星，所以七殺坐命者在其環境中找財。又例如破軍坐命者，其遷移宮中一定有一顆天相星。會是紫相、武相、廉相雙星同宮的局面。天相雖不是財星，它是印星，代表權力，表示是經過權力的結構再得到財，再使自己享用的。因此破軍坐命的人之福德宮（代表享用之宮位）都有一顆天府星，表示他享受到財了。另外像貪狼坐命的人，其遷移宮有武曲、紫微、廉貞等星。有武曲在遷移宮的人，就是直接去取財。有紫微星在遷移宮的人，就是使一切祥和、平順、地位高了之後再取財。有廉貞星在遷移宮的人，是運用計謀、籌劃、運用心思而取財。每種都不一樣，這是我們必須分清楚的。

另一點我要說的，命中有財，是財星坐命的人，卻不見得自己享受到財，他們多半是勞心勞力、辛苦一生的人。而命中無財，而要向外攫取的人，他反而可享受實質、美好的財。像是武曲坐命的人，本身是正財星居廟很旺，但福德宮是破軍，田宅宮是天機陷落，辛苦一生，財庫中還所剩無幾呢！又例如天府居廟在丑、未宮坐命的人，其福德宮是紫貪，田宅宮（財庫）是巨門陷落。表示其人一生力求完美、高尚，但運氣平平，最後財庫仍不豐裕，田宅中的財存的少。

而破軍坐命的人，福德宮是紫府、武府、廉府。都有一顆天府星，全部享受到優渥的物質生活。因為他們是耗星坐命、捨得花錢，更捨得在自己身上花錢，雖然事業、賺錢能力並不是每個人都很好，但所有破軍坐命的人，那怕是賒欠債務，都會使自己過得很好，享受用度都在富裕之列。就連廉破坐命酉宮的人，福德宮有天府，田宅宮是天同、太陰俱在廟旺之位，可見享受不錯，且財庫穩當殷實盈滿，也是非常不錯的福氣了。

可見天下人有各式各樣的命格，沒有那一種是特好或特壞的命格，而是要看你享不享受得到，家中財庫存不存得住財的問題。

武曲坐命的人，享受少，也存不太住，但是他們賺錢較容易，能吸引財來。天府坐命的人，是存錢容易，他們也愛存錢，小心翼翼，錙珠必較的在存錢。太陰坐命的人，是慢慢的存，更一點一滴的在用度、在存錢，而且暗藏一些私房錢，做地下財庫。那是因為凡是有太陰星在命宮的人，其命格中的其他財星，如正財星武曲、財庫星天府，都不在正位『命、財、官』之中，而是在『父、子、僕』、『兄、疾、田』等閒宮。如此一來，命宮中有太陰星的人，要賺錢就要結合家庭中的力量才行了。他們又特別講究情感的深度和情感的敏銳性，所以他們的財是開始於家庭，以及首先由一間房子開始的財。他們會先打造一個家庭，再從家庭的基礎上慢慢儲存財富，再慢慢壯大起來。武曲坐命的人是到外面，創造機會，因緣際會所得到的財。天府坐命的人，是蒐集周圍環境中所有的財到自己財庫的財。因此天府單星坐命的人，財帛宮都是空宮，官祿宮是天相星。他們靠管理財的工作能力來幫別人做事，順便匯集自己的財。

其他一些人的財，如太陽坐命者、巨門坐命者、天同坐命者、天相坐命者、天梁坐命者，這些人在命盤格式中的『命、財、官』中都會在『機月同梁』格上，所以他們也是一種以穩定生活，以薪水按月領取做人生規劃的得財型式。

紫微系列、廉貞系列的命格，例如紫微坐命、紫府坐命、紫相坐命、紫殺坐命、紫貪坐命、紫破坐命、廉貞坐命、廉府坐命、廉相坐命、廉殺坐命、廉貪坐命、廉破坐命。其中很明顯的就是『紫微』、『廉貞』和『府相』（天府、天相），以及『殺、破、狼』的結合命格。則無論是府相系列的命格，或是殺、破、狼格局的命格，最終仍是以『機月同梁』格做主軸的人生架構，還是以上班族、薪水階級做一個起點，再各自發揮人生的運程變化和智慧、能力的能量而各自發展的。

所以由以上的分析可得知，在芸芸大眾之中，百分之百的人命格都是薪水族的人。再者由十二個命盤格式中也全都有『機月同梁』格也可看出。只不過有些人可借由其他的格局來發展事業和人生，轉變成老闆和主管階級的人。這些可提高人生層次的格局有『陽梁昌祿』格、『武貪格』、『火貪格』、『鈴貪格』、『科、權、祿』在『命、財、官』相逢等等。因此我們可以看到有許多大老闆，擁有公司廣大的股份，仍在公司辛勞，並支領一份屬於他們的薪水。也可以看到總統競選如此激烈，選上後也是領那一份薪水。只不過他們的薪資都是高於千萬人之上的薪資罷了。

現今有些人，你若告訴他是薪水族的命格，好像是侮辱他，說他沒出息，永無翻身之日似的。以為會做生意，會賺錢、有賺錢頭腦才最佳。熟不知，薪水族的命格，根本就是所有人的基本命格，而會轉向做生意、經商等機運的人，在以前古代命理學中稱為『異途顯達』的人。表示不是從正理的『機月同梁』格或『陽梁昌祿』格而一步一步上進發達而來的。

被稱為『異途顯達』的事業機運還很多，例如突然從軍，立戰功而發達。例如因經商致富而進入政治圈，像辜濂淞先生就是異途顯達的人。（指不經正規任用考試資格的途徑而上高位者）。現今如此異途顯達、政商一體的人很多。又例如突然的奇遇，遇貴人提拔而致高位者或掌國家重要之事者，也為異途顯達，例如前總統李登輝的幕僚蘇至誠即是。當然現今總統陳水扁周圍的人，也都是異途顯達了。『異途顯達』的命格，由命盤中和八字上可看得出來，這些人走的是『運』。可是運有起落，所以『異途顯達』的運程並不長久，除非在你人生的黃金時期正走的大運都非常好，有權星、有祿星同在的局面。否則異途顯達可維持的時間不長。就像蘇致誠先生已在大運末期，說不定未來還有坎坷的人生呢！

總之，各種命格有各種財，數數你命格中的財星有幾個被刑剋傷害了，就知道你命中的財在什麼層次了。看看武曲是否和殺星（七殺）、耗星（破軍）同宮，是否和羊、陀、火、鈴、化忌、劫空同宮，天府和太陰是否和羊、陀、火、鈴、化忌、劫空同宮或落陷，還有化祿和祿存是否和化忌、天空、地劫同宮？這些問題都會影響到你命中取財的運氣好不好，得不得的到財，或少得了。

在人的命格中同時有刑財，也會有刑運、刑印、刑福、剋蔭等的狀況，所以找到這些問題時，你便知道你是因什麼原因而財少不富了。因和果都在一張命盤之中，只要細細看，便會一目瞭然。

命中財少的人，多半是要借助家庭的力量或外緣的力量，才能平順、祥和。倘若再和家人不和，便失去了左、右臂的助力，真是天要亡之。近來有許多案件是主角威脅家人要自殺，要引爆瓦斯。這些人固然是財窮，已展開生死搏鬥。倘若這個要自殺的主角是你的家人，相對的也會影響到你的財。使你得財不順利或減少很多。

倘若鬧事的是父母，父母在命理學上為印綬，代表你由上承繼的財，倘若與父母刑剋，父母要鬧自殺，那你在升官和加薪上，或是在工作過程中和老闆就處不好，就不容易得到你想要的好薪水了。

倘若鬧事的是你的兄弟，兄弟是比劫，代表同類、同行的財。你會在平輩之間、同行之間賺錢辛苦，也得財少了。

倘若鬧事的人是你的配偶，夫妻宮和官祿宮相對照，而且事業正是你賺錢的泉源、基礎，那你肯定事業工作沒辦法長期穩定，自然也沒有太多的財進了。

倘若鬧事的是你的子女，子孫也代表人的福德（最後享受的地方），也代表智慧。子女不好，和你有刑剋，表示你的賺錢智慧也不夠好，自然也承受不多的財福了。

所以你想要把財運弄平順，想要多賺錢，得財。首先的要務就是把家人給穩住了。家運好的人，才能真正發達有財運。倘若你家中已有這種麻煩的人，家宅不寧又財少的人，你也要想辦法把他穩住，即使花點錢、破點財也得穩住，使他不再胡鬧。因為這個不穩定的家人可能就是你命中財庫的破洞。小財不出，大財不進。穩住了他，才會讓你更有餘力去得財、賺錢，也更能留存、保住你的財庫。

第二章　人會用各種跡象顯示自己的財

一個人通常會由各種跡象向外顯示自己的財運。例如從外表、談吐、穿著、寫字、作文、處理事情的方式，想事情的觀念等等，有意無意的向外顯示自己的財之多寡。

我也常從來論命者的名字中，一眼便可看出此人的來意。有很多人的名字缺財，因此我就可斷定　一定是來問財或問找工作的機會的。每次都很準，讓我的助理小姐覺得好笑又驚奇。

其實每個人的名字就是一個符號。這個符號透露很多的訊息。這個名字也許是父母替你取的，那就代表父母在替你取名的當時的一種心情的情境。他也許是希望你以後一直乖巧、美麗、有智慧。但倘若父母當時的環境不是很好，或父母心中沒有財，便會取一個不帶財的名字。即使是你自己取名字也一樣。命中財少的人，便心中也財少，也會較喜歡挑選一些飄逸、不帶財的字來做名字。

有些人想改財運，於是找我幫他改取有財的名字，結果一些命中刑財刑的凶的人，並不會滿意我替他找到帶財的名字。為什麼呢？因為他一直喜歡和習慣於那些飄逸、好聽、不實際、缺財的名字，他的心中就沒有財了，也沒有緣份接受別人的意見，要改名字只是自找麻煩，是根本改不了，也永遠無法找到合適他用的名字。

有一位女士已經找到許多老師替她改名字了，自己也已改了很多次了，後來找到我這裡來，她來這裡時已改過名字，叫『瑄檥』或『誠檥』，你看他來時還拿不定用那一個名字來做她面對社會、面對人的名稱、代號呢！

凡人取名字，一定要合喜用，也就是要根據自己的喜用神來取名字，對自己才有利。所有正派的幫別人取名、改名的老師也都是以這個方法來幫人命名的。喜用神所代表的就是人的喜方、吉方、財方、生方的五行要用和方位，不會選喜用神的人，根本無法替人改名、命名。要是找上這種人來為自已改名，就是瞎子摸象，胡改一通。

改名用喜用神找你需要的五行生方、吉方，已經具有吉祥的五行之字了。但每個人的喜用神並不一定是帶財的字，有時候你的喜用神會是八字中的印綬，或是以官煞為用神，也有用比劫、傷官為用神的，逐一不同，所以要先得五行喜用之後，再從帶喜用五行之中的字裡面再去找帶財、帶官的字，這個『帶官』的字就是帶事業運的字。

另外在取名字上，名字要有意義，方為好名字。前面所見之『瑄檥』、『誠檥』，不知為何意思？『瑄』字是特指六寸大的璧。『檥』字同艤，是移小船靠岸的意思，這是兩個風馬牛不相及的字。『誠』字是真實善意的意思，和檥字相連也不成意思。再加上『檥』字是稀有之字，很多人不認識，也不知道是什麼意思。可能就連其本人，也不知道意思。所以當我們看到這個不名所以的名字時，常會想到，此人頭腦是否有問題？是不是不清楚呀？確實如此！我們只要看到她的命盤就知道了。

這位女士是天府、文昌化科、文曲坐命宮的人，還移宮中有廉貞化忌、七殺、天才相照。因此她是個外表長相很美麗、有氣質、頭腦不靈光卻有自作聰明傾向的人。本命中文昌居平化科，其聰明、精明智慧就並不高了！有文曲居旺，喜歡說話，和表達意見，最嚴重的是對宮有廉貞化忌、七殺和天才同宮來相照。廉貞在丑宮已居平，企劃能力，智慧方面都很貧弱，再加上有化忌，更有喜歡把事情弄複雜，或用笨的方法，用是非不清的觀念，亂搞一通，使自己很辛苦的奔波勞碌。天才和廉貞化忌、七殺在一起，使其人有時候好像很聰明，但專幹一些笨事，讓人不瞭解她為何如此。這就是此人頭腦中智慧矛盾的地方。

命宮中有文昌、文曲同宮和在福德宮同宮的人是一樣愛享受，不太會做事、工作的。表面看起來命宮中有天府居廟。再加上她的夫妻宮是武破、祿存、天刑。武破是因財被劫，有祿存，祿逢沖破，有天刑，在內心感情上有刑剋，夫妻間會有彼此相瞞的事，不願意透露。所以在其人內心世界中也是因財少而影響情緒智商的狀況。

此人的福德宮有紫貪、天鉞、台輔。我以前說過，不論貪狼星在人之『

某女之命盤

夫妻宮 武曲 破軍 祿存 天刑 24-33 癸巳	兄弟宮 太陽 擎羊 鈴星 14-23 甲午	命宮 天府 文昌化科 文曲 4-13 乙未	父母宮 天機化權 太陰 天空 天馬 丙申
子女宮 天同化祿 陀羅 火星 天空 34-43 壬辰	陽女		福德宮 紫微 貪狼 天鉞 天姚 台輔 丁酉
財帛宮 辛卯	金四局		田宅宮 巨門 陰煞 戊戌
疾厄宮 右弼 地劫 庚寅	遷移宮 廉貞化忌 七殺 天才 〈身〉 辛丑	僕役宮 天梁 左輔 庚子	官祿宮 天相 天魁 己亥

命、財、官』、『夫、遷、福』等任何一宮之中，這個人都是具有貪念的。因為有貪念，也造成人的原動力，想攫取、想獲得，人就會朝想要的方面去爭取。

此人的貪狼星在福德宮之中，而且是居平，和紫微同宮，又有天鉞、台輔這些星相伴。所以我們知道此人一定是喜歡美麗、高尚、最好的，最精緻的東西。當然她要選名字也不例外想要找最好的名字了。但是她的智慧實在不高，心裡窮，看不到財，老是注意一切不帶財的字，和旁枝末節的問題。又會自作聰明的東一本書上找一個字，西一本書上找一個字來湊名字，這樣拚湊起來的東西怎麼會好呢？我們再看她的子女宮是天同居平化祿、陀羅、火星，也知道此人的才華平平，沒有見識，唸書也不徹底，內心又急躁。智慧所存留的底端，也就是智慧最後所匯集的地方是田宅宮，其人的田宅宮是巨門陷落、陰煞，也由此可知其人真的是無法瞭解什麼是好的名字了。也真的是要選到七老八十，也選不到好名字了。

還有一些人叫『易祺』、『雅茜』、『坤山』、『坤誠』、『依萍』、『鑫金』、『宛如』、『美倫』、『美英』、『雨珊』、『孟謹』……等等之類的名字。

常喜研究姓名學的人，大都已知道了姓名中第二個字，也就是姓名學中間的一個字，是代表自己本人的運氣，第三個字是代表才華和子女。因此要改財運，最重要的要改第二個字，自己才會確實享受到財福。就像：

『易祺』中這個『易』字，不帶財，且有很多意思，例如變動、交換，退避，為『難』的相對字，更是易經、周易等經書名。在含意上就代表著出世的，沒有人緣，且變動性大，或清高的字義，所以一定會離財很遠的。果其然其人的財帛宮是擎羊陷落加火星，田宅宮又有巨門陷落、天空的人，真是手頭常不順又財庫空虛了。據說，此名字還是請別位老師選了才用的呢！哇！大概那位老師看她是天府、天鉞、台輔坐命的人，長得漂亮、高貴，既然手中常無財，乾脆更清高一點。不過呢！這也會影響到她的人緣、機會，很可能會晚婚而拖延很久的。其實此人的官祿宮是天相、天才、鈴星，她可

某女之命盤

夫妻宮	兄弟宮	命宮	父母宮
武曲化科 破軍化權 文曲 己巳	太陽化忌 庚午	天府 天鉞 台輔 天姚 辛未	天機 太陰 壬申
子女宮 天同 右弼 戊辰	陽女 土五局		**福德宮** 紫微 貪狼 文昌 〈身〉 癸酉
財帛宮 擎羊 火星 天刑 丁卯			**田宅宮** 巨門 天空 左輔 甲戌
疾厄宮 祿存 天馬 陰煞 丙寅	**遷移宮** 廉貞化祿 七殺 陀羅 天魁 丁丑	**僕役宮** 天梁 地劫 丙子	**官祿宮** 天相 鈴星 天才 乙亥

以取一個『帶官』的名字，只要事業運好，財運就會順利了。也容易早點結婚了。她的夫妻宮有武曲化科、破軍化權、文曲，表示她會找到的配偶是長相俊美、脾氣強硬、會強勢作主，口才很好，愛破耗的人。權、科也會影響到她的事業，所以她一定要有工作，繼續努力便能生活順利了。

名字中間一字是『雅』、『美』等字的人，有『雅』字、『薇』字的人大都長得很漂亮，但無財。『美』字在女人來說有愛情厄，容易感情不順利，倘若下面一個字連起來連的好，如美玲、美倫、美倩，其人也會長得好看，或心性較好一點，但是財仍不多，必須辛苦勞力勞心來賺錢。這是身閒心忙的字。

名字中有『坤』這個字的人，『坤』這個字不是隨便可用的，坤是『地』的意思，代表西南方，代表母性，也是帶金的土，要喜用神合用的人才能用。倘若八字命格中欠水的人，也就是喜用神需水的人便不能用『坤』字，否則必有刑剋傷亡之災。命中要土、喜用神為戊土的人，用『坤』字最合，

宛霖的命盤

福德宮 太陽 天鉞 天馬 丁巳	田宅宮 破軍化祿 鈴星 天刑 戊午	官祿宮 天機 地劫 己未	僕役宮 紫微 天府 陰煞 庚申
父母宮 武曲 天才 丙辰	水二局	陰女	遷移宮 太陰化科 辛酉
命宮 天同 天魁 天空 乙卯			疾厄宮 貪狼化忌 天姚 壬戌
兄弟宮 七殺 文昌 台輔 甲寅	夫妻宮 天梁 擎羊 左輔 右弼 己丑	子女宮 廉貞 天相 祿存 文曲 甲子	財帛宮 巨門化權 陀羅 火星 癸亥

會發。

有人愛金愛財，故會名中用三個金字合在一起的字『鑫』，有時還嫌金不夠多，直接用『鑫金』為名。要用這個『鑫』字，你要能承受得住。除非你命中欠金水，欠得很多，需金孔急，才可用，否則也會傷剋刑災，更窮困，或遇災而亡。愛財要取之有道，這個『道』就是方法的意思。不知道方法而自以為多加金就可以了，反而受其害。

名字中有『宛』字，這是帶官之字，必須事業運好、官祿宮不錯的人，用了才有效。例如一個人名『宛霖』。『宛霖』二字皆帶官，而此人的官祿宮卻是天機陷落、地劫。事業運根本談不上，倒不如取個直接帶財的名字，直接了當一點，反倒增財。而她的財帛宮是巨門居旺化權、陀羅、火星，是爭鬥多，是非多，且拖拖拉拉，但能以掌控是非爭鬥來取財的得財模式。所以有官運的名字對她反倒不是最好的選擇，應該以財為重才好。

『依萍』中的『依』字，直接給人的感覺就是小鳥依人，要依靠人來生活得財，所以六親運、貴人運一定要好。用了才對自己有幫助。因為運氣在別人身上，要攫取運用到自己身上來，依附得財的意思，這裡有一個名字中間有一個是『依』字的人的命盤，可得知。

某女的命盤(名字中有『依』字)

子女宮 天機化忌 祿存 文昌 丁巳	夫妻宮 紫微 擎羊 火星 天空 〈身〉 戊午	兄弟宮 天鉞 己未	命宮 破軍 鈴星 庚申
財帛宮 七殺 陀羅 地劫 陰煞 丙辰			父母宮 文曲 辛酉
疾厄宮 太陽 天梁 乙卯			福德宮 廉貞 天府 壬戌
遷移宮 武曲 天相 甲寅	僕役宮 天同 巨門 天魁 乙丑	官祿宮 貪狼化祿 甲子	田宅宮 太陰化權 右弼化科 天馬 癸亥

此人是破軍、鈴星坐命的人，本命中破耗就多，財帛宮又是七殺、陀羅、地劫，賺錢的方式是用一種死腦筋，拚命、苦力式，又賺錢少的方式來賺錢。看起來她的官祿宮還不錯，是貪狼居旺化祿，這是一種運用機緣的方式在工作上很順利、有運氣的工作形態。但是能幫助她的六親宮中除了父母宮較好之外，兄弟宮、夫妻宮、子女宮、僕役宮皆不好，於是助力有限，機緣也會少了。她只有向外發展去試試看。但是名字中間有個『依』字局限了她的環境，很難發揮，她也可能不會向外發展，或到遠處工作，倘若只靜守在家附近，便沒有什麼好機會了。所以她應該取帶官、帶機緣的名字，或是帶點財的名字，發展就大了。

另外像名字中間有這個『孟』字，『孟』雖為孟子聖人的姓氏，『孟』字帶血光，一看也知道無財，而且會有身體上健康方面的問題。請看命盤。

某女的命盤(名字中有『孟』字)

官祿宮 廉貞 貪狼化忌 天鉞 丁巳	僕役宮 巨門化權 天刑 戊午	遷移宮 天相 己未	疾厄宮 天同 天梁 鈴星 庚申
田宅宮 太陰化科 台輔 丙辰	陰女 金四局		財帛宮 武曲 七殺 地劫 〈身〉 辛酉
福德宮 天府 天魁 己卯	癸丑 癸亥 丁酉 庚戌		子女宮 太陽 壬戌
父母宮 文曲 甲寅	命宮 紫微 破軍化祿 擎羊 火星 天空 左輔 右弼 乙丑	兄弟宮 天機 祿存 文昌 甲子	夫妻宮 陀羅 癸亥

由此人的命宮主星中有紫微、破軍化祿、擎羊、火星、天空、左輔、右弼等星，我們就可看出此人的外表及性格就是長相美麗、有點氣質，本命中有點財，但破耗太大，大過於本命的財。所以此人其實是個自命高尚，喜歡享受，喜歡精美事物，理想高，卻不太會努力實行的人。左輔、右弼是助善，也助惡的星，在她的命宮中，只是更幫助她有清高的思想，但奮發力卻不幫助的。她是來問找工作的事情的。在巳年，她又走廉貞、貪狼化忌的運程，也只是想想罷了，因為運氣不好，機運不佳，恐又多惹是非，更是與工作無緣了。她因為剛結婚，夫妻倆愛享受，花費很大，其先生就要她也外出找工作賺錢。但看樣子她這輩子都可能不會工作，即使做也做不久，也賺不了什麼錢。因為她的財帛宮是武殺、地劫，全都被劫耗光了嘛！而且她的配偶比她笨，她命中有擎羊和左輔、右弼，她會想出辦法來制服先生，而不出去工作勞累，這就是她的厲害了，最後她的先生也只是偶而吵一下而已。

她本命中有擎羊、火星、天空，和耗星破軍同宮，名字中又有一個『孟』字帶血光。這滿麻煩的，肯定有嚴重的車禍傷災，而且是傷在上半身有開刀之狀況，在丑年時要特別小心。

我們看此人的八字是癸丑、癸亥、丁酉、庚戌。其日主是丁火，生在十月丁火微弱，如寒夜孤燈，故身弱。干上有雙癸一庚，支上又是酉、戌、亥、丑，一片西方、北方金水格局，更能滅火。支上又有丑酉會金局，是一片財、官混雜的現象。要以印綬，以亥中甲木做喜用神。此命格會有肝腎的問題。在紫微命盤中的疾厄宮中也是天同、天梁陷落、鈴星，也是水、土、火相戰的格局，故其人就是有福就享吧！目前她正走天府運是好的，也還健康，到了下面的大運，如太陰陷落化科運，或廉貞、貪狼化忌運時，身體也壞，亦可能夫妻感情也會有問題，不養她了呢！

改名字也要改思想才有用。你會要改名字，表示你已注意到你的問題所在。倘若你並不是真的知道自己命格上的缺點，也不知道為什麼無財沒錢，就不用急著盲目的改名字了，因為改了也沒用。除非你已確實的弄清楚了，無財、刑財的原因是起自於你本身對得財的觀念上有歧念，並確實知道問題在那裡，並力圖改進中，再把名字改為帶財、帶官的名字，雙管齊下才有用。

否則你只想靠名字來賺錢發財，那真是大家一起做夢好了。

（有關取名的問題，請看法雲居士所書《紫微姓名學》有詳細解說）

如何算出你的偏財運《全新修定版》

如何掌握旺運過一生《全新修定版》

紫微面相學

《全新修訂版》

法雲居士⊙著

『面相』是一體兩面的事情，
我們可以從一個人的外表來探測其內心世界，
也可從一個人所發生的某些事情來得知此人的命運歷程。
『紫微面相學』更是面相中的楚翹，
在紫微命理裡，命宮主星便顯露了人一切的外在面貌、
精神與內在的善惡、急躁、溫和。

- 『紫微面相學』能從見面的第一印象中，立刻探知其人的內在性格、貪念，與心中最在意的事與其人的價值觀，並且可以讓你掌握到此人所有的身家資料。
- 『紫微面相學』是一本教你從人的面貌上，就能掌握對方性格、喜好，並預知其前途命運的一本書。
- 『紫微面相學』同時也是溫故知新、面對自己、改善自己前途命運的一本好書！

紫微談判學

法雲居士⊙著

現今工商業社會中，談判、協商是議事的主流。
每一個人一輩子都會經歷無數的談判和協商。
談判是一種競爭！也是一種營謀！
更是一種雙方對手的人性基因在宇宙中相遇激盪的火花。
『紫微談判學』就是這種帶動人生好運、集管理時間、組合空間、營謀智慧、人緣、創造新企機。
屬於『天時、地利、人和』成功法則的新的計算、統計、歸納的學問。

法雲居士用紫微命理教你計算、掌握時間的精密度，繼而達到反敗為勝以及永遠站在勝利高峰的成功法則。

第三章 審命、改命要知道『刑財』問題，更要懂得防災

我們在談審命、改命的時候，其實更應該談談如何瞭解人生運程的走向，和預防、改善的解決之道。

在早先出版的『紫微賺錢術』和『紫微改運術』中，我都有談到每個人的賺錢方法，和金錢運較佳的年份，以及金錢運最差的年份。也曾教大家為自己畫一份運命周期線，和為自己做一張運氣曲線圖。這就會很明顯的顯示出自己命理的走向，也會立即知曉那些年份是自己財運順利及風光的年份？那些年份是自己該節衣縮食，小心翼翼的年份了。這樣在人生的道路上才不會走冤枉路。

有了這種對自己命運的通盤瞭解，我們在生活過日子上才會過得從容優雅、不慌不忙。我常說：在運氣好的時候，加緊努力衝刺，在事業上多打拚，多賺一點錢，也多得一些成就。更要為運氣不好的年份做一番規劃和儲存一點財力，以備不時之需。

話雖如此，但是有許多人是做不到的。大多數的人是跟著命運的腳步走的。很多人在運好、賺錢的時候，是意氣風發的。工作順利的時候，說話、做事、花錢都很海派。到了運氣不佳的時候，財窮了，才來煩心，找算命的問吉凶。既然走到這一步了，算命的當然勸你要等待了。是不是真的能等呢？沒錢的時候，等待是一種痛苦的煎熬。財窮的時候，工作也容易丟掉，容易有傷災、生病的事情發生。一切不順利的事情都好像與『錢』有關，看病要花錢，生活要花錢，而一切的生活必需用品又會漲價了，更讓人覺得處處受制、生活份外辛苦。

人窮的時候，腦子也不靈光，常做一些花費大又沒有結果的事情，這就是『刑財』。有些人因為財運不順，沒錢了，想省錢，也會更做一些自認為可省錢的決定，使自己更受困。也會有一些人，因為錢財的周轉不靈，對人生沒有希望而自殺了。更有些人負了債，害怕別人逼債，害怕以後的窮苦日子而自殺。殊不知，從命理學的觀點來看，一個人活著一天，就是『有財』。一個人有一頓飯吃，就是『有財』！反過來說，那些放棄生命，放棄吃飯的人，就是最大的『刑財』了。

在鼠、牛、虎、兔、龍、蛇、馬、羊、猴、雞、狗、豬等十二個年份中，是每個年份都有人發財，也有人財窮，甚而自殺的。但是在這十二個年份中，以蛇年（巳年）、豬年（亥年）會財窮，是人數最多的年份，雖然大家都期望這兩個年份是金蛇年或小龍年，或是金豬年。但實際上並不能從眾多人的願望的。從現實的狀況來觀察，實際上這兩個年份反而還極容易倒債、出現金融危機、公司倒閉、裁員，造成多數人財窮的問題為最多的年份。並且也是出現傷災、衝突、家庭失序不和、人性爭鬥最多的年份。

為什麼呢？從斗數中可一目了然，這主要是在大眾中大部份的人在巳、亥年的運氣都不好的緣故。我們可從每一個命盤格式中代表巳、亥年的巳、

如何審命、改命

亥宮中可看出端倪。譬如說：

『紫微在子』命盤格式的人，在巳年逢太陰陷落運，是財窮了。在亥年逢天機居平運，運氣極差，還帶有愈變化，愈低落的情況。

『紫微在丑』命盤格式的人，在巳年逢廉貪運，是人緣極壞，機會又全無，容易倒別人的債，也容易遭別人倒債的運氣。在亥年走的是空宮運，有廉貪相照，表示環境中也是極差的運氣，沒有人緣，也沒有機會，也容易碰到倒債之事。

①紫微在子

太陰(陷) 巳	貪狼(旺) 午	天同(陷) 巨門(陷) 未	武曲(得) 天相(廟) 申
廉貞(平) 天府(廟) 辰			太陽(平) 天梁(得) 酉
卯			七殺(廟) 戌
破軍(得) 寅	丑	紫微(平) 子	天機(平) 亥

②紫微在丑

廉貞(陷) 貪狼(陷) 巳	巨門(旺) 午	天相(得) 未	天同(旺) 天梁(陷) 申
太陰(陷) 辰			武曲(平) 七殺(旺) 酉
天府(得) 卯			太陽(陷) 戌
寅	紫微(廟) 破軍(旺) 丑	天機(廟) 子	亥

『紫微在寅』命盤格式的人，在巳年走的是巨門居旺運，雖不致於太差，但多是非災禍、多口舌便佞之災。在亥年走的是太陽陷落運，在感覺上凡事很悶，無法開展。運氣受限制，進財不算順利，在事業上的發展受阻礙。

『紫微在卯』命盤格式的人，在巳年走的是天相居得地的運氣，只有衣食溫飽，不惹事尚可平安的運氣，但周圍環境是財窮的景況，也必須小心翼翼過日子不可。在亥年，就直接逢到武破運了，這是『因財被劫』，財窮且耗財多的一年。從使有祿存同宮，只有衣食之祿，仍是不富裕的年份，而且還有保守、

③紫微在寅

巨門(旺) 巳	廉貞(平) 天相(廟) 午	天梁(旺) 未	七殺(廟) 申
貪狼(廟) 辰			天同(平) 酉
太陰(陷) 卯			武曲(廟) 戌
紫微(旺) 天府(廟) 寅	天機(陷) 丑	破軍(廟) 子	太陽(陷) 亥

④紫微在卯

天相(得) 巳	天梁(廟) 午	廉貞(平) 七殺(廟) 未	申
巨門(陷) 辰			酉
紫微(旺) 貪狼(平) 卯			天同(平) 戌
天機(得) 太陰(旺) 寅	天府(廟) 丑	太陽(陷) 子	武曲(平) 破軍(平) 亥

孤立之貌。也更容易遭到耗財、破財之災。

『紫微在辰』命盤格式的人，在巳年，走的是天梁陷落運。表示沒有貴人幫助，凡事要靠自己，整個大環境是溫和的，但是沒人理睬你的環境，因此你要自求多福了，景況不算好。在亥年你走的是天同居廟運。這是一切平順、安祥、懶惰的一年，凡事不想競爭，外面的環境中也沒有貴人出現，你也根本不想打拚，是修養生息的一年。

『紫微在巳』命盤格式的人，在巳年逢紫殺運，這是這個命盤格式中較好的一年，勇於打拚、努力。這個命盤格式的人在此年中是較其他命盤格式的人，

⑤紫微在辰

天梁(陷) 巳	七殺(旺) 午	未	廉貞(廟) 申
紫微(得) 天相(得) 辰			酉
天機(旺) 巨門(廟) 卯			破軍(旺) 戌
貪狼(平) 寅	太陽(陷) 太陰(廟) 丑	武曲(旺) 天府(廟) 子	天同(廟) 亥

⑥紫微在巳

紫微(旺) 七殺(平) 巳	午	未	申
天機(平) 天梁(廟) 辰			廉貞(平) 破軍(陷) 酉
天相(陷) 卯			戌
太陽(旺) 巨門(廟) 寅	武曲(廟) 貪狼(廟) 丑	天同(旺) 太陰(廟) 子	天府(得) 亥

打拚積極，也得到成果較豐碩的一年，算是運氣不錯的了。在亥年，逢天府運，此天府運只在得地剛合格之位，故只是有衣食溫飽之祿，生活平順而已，仍是積極打拚的一年，因為環境中就是一種奮發向上，讓你埋頭苦幹，別人的機會不好，而你看到自己比別人有較好發展的機會，你是非常珍惜的，故你極願意付出努力。

『紫微在午』命盤格式的人，在巳年逢天機居平運，運氣變化多端，且愈變愈壞。而且走此運的人，容易自作聰明，運氣本已在衰運中沈浮了，又喜歡搞怪或自作聰明，更把自己的景況愈陷愈深。在此運中的學生不喜愛唸書，成績不好。正在工作的人常自命清高，為小事不愉快而辭去工作。這些都是財窮，聰明智慧受阻而出現的問題。倘若逢陀羅和天機化忌更在巳宮，巳年的狀況更壞了，有陀羅同宮的人（丁、己年

⑦紫微在午

天機(平) 巳	紫微(廟) 午	未	破軍(得) 申
七殺(廟) 辰			酉
太陽(廟) 天梁(廟) 卯			廉貞(平) 天府(廟) 戌
武曲(得) 天相(廟) 寅	天同(陷) 巨門(陷) 丑	貪狼(旺) 子	太陰(廟) 亥

生的人）更笨，更會有自作聰明或頑固而耗財、破財、財拖延不進的問題。有天機化忌在巳宮的人，要小心『羊陀夾忌』之惡格所產生的有性命之憂的災難問題，小心會喪命。那就是衰運到極點了。在亥年，逢太陰居廟運。此命盤格式的人逢此運會積蓄錢財。雖然外面的環境不是很好，而且變化多端，但是你會固守本業，好好經營。此運以做固定的上班族和公教人員為佳。倘若你是生意人，也要天天按時上、下班，會積蓄到財富。

『紫微在未』命盤格式的人，在巳年走空宮運，運氣不強，而且相照的是廉貪雙星。表示外面的環境是一個機緣差、人緣不佳，沒有一點機會、好處的環境，你縱使想打拚也困難重重。而且和人有倒債的關係，不是你倒別人的錢債，就是別人倒你的債，麻煩很多。在亥年，你是正走廉貪運了，這也是極差、

⑧紫微在未

巳	天機(廟) 午	紫微(廟) 破軍(旺) 未	申
太陽(旺) 辰			天府(旺) 酉
武曲(平) 七殺(旺) 卯			太陰(旺) 戌
天同(平) 天梁(廟) 寅	天相(廟) 丑	巨門(旺) 子	廉貞(陷) 貪狼(陷) 亥

極惡質的運程，凡和人有關係的工作、來往、生意、交易都會受阻。這必須忍耐度過了。

『紫微在申』命盤格式的人，在巳年逢太陽居旺運，這也是極優於其他命盤格式的人的年運。在巳年，屬於此命盤格式的人，事業較順利，而且正走在『陽梁昌祿』格上，會有名聲，注重事業。也會努力學習，增加知識，更適合參加考試。走此運的人，考試上榜的機會是會是比別人高出很多出來的。當然在此運中你的財運也很順暢，是不會為財煩惱的。不過這全是正財。在此運中你是正直有氣魄的人，根本不想、也不屑於找偏財運的。在亥年，你逢巨門居旺運，在此運中，你會賺用口才的能力所賺的錢。此巨門運和在巳宮的巨門居旺運稍有不同的是：是非較少一點，仍會有。因為巨門是屬水的星，在亥宮屬水的宮位，正得其位，較旺，

⑨紫微在申

太陽(旺) 巳	破軍(廟) 午	天機(陷) 未	紫微(旺) 天府(得) 申
武曲(廟) 辰			太陰(旺) 酉
天同(平) 卯			貪狼(廟) 戌
七殺(廟) 寅	天梁(旺) 丑	廉貞(平) 天相(廟) 子	巨門(旺) 亥

故口舌是非會較少。但仍要小心車禍傷災的問題。

『紫微在酉』命盤格式的人，巳年走武破運，這是個窮運。財星和耗星同宮，又雙雙居平陷之位，可見破耗之多，有一丁點的財也難以濟事了。縱有祿存同宮，也是『祿逢沖破』，以只有衣食之祿而論之。在亥年走天相運，此運只在得地合格之位，表示是普通的平順，因為外面的環境很窮，當然能有溫飽平順就很不錯了。所以這個福運，是把一切打理平順為主的運氣。

⑩紫微在酉

武曲(平) 破軍(平) 巳	太陽(旺) 午	天府(廟) 未	天機(得) 太陰(平) 申
天同(平) 辰			紫微(旺) 貪狼(平) 酉
卯			巨門(陷) 戌
寅	廉貞(平) 七殺(廟) 丑	天梁(廟) 子	天相(得) 亥

『紫微在戌』命盤格式的人，在巳年走的是天同居廟運。表示此運是平和、變化不多的運程，但仍有些勞碌，人不會太懶。因為天同是五行屬水的星，以在亥宮為好，較穩定。在巳宮是屬火的宮位，水被火熬，故會勞碌。

此運偏重職務工作的穩定，天同是『機月同梁』格中的一顆星，故此運中以工作穩定為主要的訴求，但會東奔西跑的很忙碌。在亥年，走的是天梁陷落運，沒有貴人，且勞碌、漂泊，喜愛玩，做事不認真，又不喜被人管，喜東遊西蕩，財運也不好，因為做正事的時間少，耗財又多的原故。

『紫微在亥』命盤格式的人，在巳宮走天府運，天府在得地合格之位，故有衣食豐富而已，進財不算特多。在此年你也會積極打拚，很忙碌。因為環境中就是順利的，好讓你埋頭苦幹的環境（流年遷移宮是紫殺），所以你也會小

⑪紫微在戌

天同(廟) 巳	武曲(旺) 天府(旺) 午	太陽(得) 太陰(陷) 未	貪狼(平) 申
破軍(旺) 辰			天機(旺) 巨門(廟) 酉
卯			紫微(得) 天相(得) 戌
廉貞(廟) 寅	丑	七殺(旺) 子	天梁(陷) 亥

⑫紫微在亥

天府(得) 巳	天同(陷) 太陰(平) 午	武曲(廟) 貪狼(廟) 未	太陽(得) 巨門(廟) 申
辰			天相(陷) 酉
廉貞(平) 破軍(陷) 卯			天機(平) 天梁(廟) 戌
寅	丑	子	紫微(旺) 七殺(平) 亥

心翼翼的存錢、過日子。這是你經過五個不順利、財窮的年頭以來，首次見到有豐腴足夠的財來生活的年份。當然你會較珍惜的。亥年紫殺運，是打拼奮鬥的吉運。因為自未年的武貪運以來，已三個年頭不見大財運了，只是在生活中浮沈而已。故逢到紫殺運會更操勞，願意打拼。

由上述的分析看來，有七個命盤格式的人都有財窮的問題。

這七個命盤格式中有『紫微在子』、『紫微在丑』、『紫微在寅』、『紫微在辰』、『紫微在午』、『紫微在未』、『紫微在酉』等七個命盤格式的人，在巳年是過得不好的。

在巳年只有『紫微在巳』、『紫微在申』兩個命盤格式的人過得較好，但甲年生的人有太陽化忌在巳宮，或是丁年、己年有陀羅在巳宮，或是丁年，有陀羅在巳宮與太陽同宮，對宮有巨門化忌的人，生活上也會遇到不順和困難的。

另外還有一個原因是，在天下所有人的命格中，是以『紫微在丑』、『紫微在未』、『紫微在巳』、『紫微在亥』四個命盤格式的人為大宗人口。

由此綜合計算起來，在巳年財窮的人，直達總人口數的七成以上了。所以你說巳年是不是一個好年份呢？

辛巳年屬火，因此火災特別多，許多工廠、房舍被燒掉了，本來已不景氣，失業率偏高的環境中，工廠燒毀，又增加了更多的失業人口。年干是乙、丁、己、辛之蛇年，天災、人禍不斷。

就像巳、亥年所遇到的問題狀況還更多。**例如走武破運的人**，當然就是進財少了，這一年整個的收入少、開銷多，會入不敷出。有些會組自助會的人，逢到此年，本身要是也走武破運的話，也容易倒會，或把別人的錢轉為自己其他的用途。管理財務的人，容易做出虧空公款之事。所以要參加自助會的人，最好要瞭解一下做會首的人之命格，給他算算命，排排流年。要是逢巳、亥年又會逢到武破運或廉貪運的人，在巳、亥年就暫時不要入股加會了，這樣對自己才有保障，也不致於因錢財問題傷害朋友之間的感情。倘若走武破運或廉貪運的人是你自己，就要預先防範這個窮運了，以防在巳、亥年，因別人的債務問題，影響到你自身，害你自己變得較窮。你在巳、亥年是肯定不能參加自助會的，否則你就是自找麻煩、自找痛腳。

倘若有武破、天空、地劫四星同宮在巳、亥年的流年之中的人，這肯定是夠窮的了。凡事你都會看空，小心失去工作，沒有薪水可以為生活之資。倘若再有武曲化忌、破軍、劫空同宮的流年運中，會為財窮而自殺，或為錢財上起糾紛而自殺。這就是最壞的運氣了。

縱使有祿存和武破同宮，只是有衣食溫飽的平常生活，還是感覺不富裕的。

很多人在武破運還特別愛投資，而血本無歸。這其實是因在人的內心早已敏感到財窮了，而想多賺一點錢，繼而對周遭環境中產生不切實際、一廂情願的想法，以為快點去做就會賺錢。反而容易受騙、上當，或投資投錯了地方。

舉凡所有刑財的人、財窮的人，走刑財運、窮運的人，在刑財或窮運的時間之中，全都是對財較盲目，沒有敏感力，常會因為想賺錢而有一廂情願的想法。對現實環境的評估也會因自己的眼光和計算錯誤而看錯了人、事、物。所以在心態上是偏頗的。當你運行到運氣好一點的時刻，或財星正旺的時候，回首前一段時間，你會發覺自己為什麼以前那麼笨？為什麼那時候有那些想法？真教你自已也感到不可思議了。

武破運是一個剛直、強硬、頑固、衝動，覺得運氣不好，又強勢要做主的運氣。因為武曲五行屬金，破軍五行屬水。故武破運在巳宮，逢巳年，主要是以破耗為主。賺錢還是有一點的。巳宮是屬金位，又是火位，金之財為火(八字學中五行相剋之氣以此論)故仍有財。破軍是耗星，又屬水，在火位，刑剋更甚，故不吉，破耗、勞碌更凶。

武破在亥年，因亥宮屬水，武破是金水，在亥宮雖雙雙居平，但金水相生，故稍吉，所以武破運在亥年反而破耗沒那麼大了，人窮的程度也沒有巳年那麼窮了，但仍是窮運，只是車禍、傷災多，因亥宮為伏屍、天狗之宮位。

武破運因為頑固、強硬、頭腦會不靈光，是故考試、升官都不行，你會唸書唸得辛苦，但沒成果。倒不如平心靜氣的過完這一年，到明年再考，因為下一年就是太陽居旺運，剛好在『陽梁昌祿』格上，考運有百分之八十至九十會上榜，那又是意氣風發的好運年了。

武破運也不可買房子，小心買到麻煩很多的房子，有些人走武破、祿存運，稍有吃飯的錢，省吃儉用，就想買房子了。但走武破運的人會非常小氣，眼光短淺，看東西馬馬虎虎。在此時你會想只要有一間房子可擁有就好了，並沒有長期的打算，心態上處事太粗糙，往往買下之後，才發覺可能是太小、太舊，根本不符合日後使用，很可能小孩一、兩年中長大一些了，要有獨立空間，又可能家中或你工作職位上有變動，也可能所買到的房子，在看屋時沒注意到有很多瑕疵、暗病的狀況。結果會讓你很後悔。所以逢武破運時最好就是以靜制動，以不變應萬變最好了。

在巳、亥年另一個衰運就是廉貪運了，其實我覺得廉貪運，和廉破運是所有衰運中最惡劣的運程。廉破運是在卯、酉年才會碰到，故先來談廉貪運。

巳、亥年就有很多人會碰到廉貪運，這是『紫微在丑』命盤格式的人在巳年會碰到的。而『紫微在未』命盤格式的人在巳年是空宮運，有廉貪相照的運程。到亥年時就反過來了，『紫微在丑』命盤格式的人，就逢空宮有廉貪相照，而『紫微在未』命盤格式的人，就正逢廉貪運了。無論如何，這兩種運程都是運氣極低的衰運運程。但有一種例外，例如有火星、鈴星在巳宮或亥宮出現，與廉貪同宮或相照時，會有一些暴發運和偏財運。

在巳年我算過蠻多走廉貪運者的命格中，有好多位是逢到暴發運的。廉貪運的暴發運和偏財運都不算大，但仍以『火貪』、『鈴貪』同在巳宮為較大。火星、鈴星在亥宮落陷，不論是和落陷的廉貪同宮或相照，暴發財運的情況就更微乎其微，只有一點點了。很可能只是中個小獎而已了。在巳年我算過的命中，有一位十七歲的少女有暴發運『火貪格』，在讀書的年紀逢此運而被星探發覺，做了廣告明星，一心想走演藝圈。另一位逢『鈴貪格』從軍職的朋友，突然升了職位，彷彿前途大好。其他的幾位，是中了一些小獎，最多的有幾十萬元，或是中了汽車大獎。巳、亥宮的『廉火貪』格和『廉鈴貪』格，並不能像『武貪格』或其他宮位的『火貪格』、『鈴貪格』一樣那麼大、那麼強勢。主要是貪狼居陷的關係，火、鈴在巳宮居得地合格的旺位，在亥宮居平陷之位。因此『廉火貪』、『廉鈴貪』在巳年主要是靠火星、鈴星的威力在暴發好運或財運。在亥年、火、鈴不強，貪狼又陷落，故暴發運和偏財運就更差了，級數更低了。如果有廉貞化忌或貪狼化忌同宮，暴發運和偏財運會不發，或是爆發後又有災禍、是非產生。

廉貪運為什麼這麼衰呢？因為雙星居陷，而廉貞是主智謀，計畫、企劃能力，暗自營運，在檯面下指揮運作，有陰謀的一顆星。廉貞也帶有桃花，是一顆大桃花星，當廉貞落陷時，智慧、企劃能力都不足了，而檯面下有陰謀的一面趨向邪佞，並不是奮發向上的那一種運作能力了，反而是成事不足，敗事有餘的能力了。廉貞本來是官星，會向事業上打拚，但居陷時，此種能力缺失了，反而會向一些低俗的、不正當的事情上去發展。在桃花方面，也是趨於邪淫桃花，有不正常、不正當的男女關係。

貪狼是好運星，居陷時，好運沒有了，運氣到了谷底，而且貪狼也是桃花星，但居陷時，桃花也趨向邪淫桃花。正常的，朋友之間相互友愛的人緣桃花也沒有了。所以廉貪運是一個沒有人緣、機會的運氣。人在走此運時，是處處惹人厭、說話誇大、不實在，沒有信譽，不讓人尊重的運程。

廉貪運為什麼財運也不好呢？主要是機緣太差。不論是做生意、人際關係、事業工作上都沒有運氣，而且常會想一些偷機取巧、貪赧、貪色、貪便宜、不顧廉恥的事情。廉貞落陷，就不會廉潔了。貪狼落陷為煞星刑剋更重，更會貪赧無度，貪得無厭。實際上，人因為財窮的原故，內心缺財甚急，因此貪赧之狀更會毫不忌諱的顯露出來。也就是更顧不得顏面的問題了。一般廉貪運貪的是財，也貪色。有些女子在走廉貪運時，下海從妓來賺錢。如果這個廉貪運中又有陀羅，就是『風流彩杖』格，就屬於此種邪淫的運程。因此巳、亥年社會上的黃色事件，援助交際、誹聞事件、強暴事件會特別興盛，就是因為有許多人都在走這個風流的淫格所致。當然會發生這種事件都是不顧臉面，沒有臉皮、一時笨、會貪色、貪便宜，沒想到後果的人會幹的事，自然不足為奇了。

走廉貪運的人，因為沒有機緣，也會懶惰，頭腦又不好，容易失去工作。人窮的時候，容易耍無賴，容易胡扯一通，這也是一種不要臉的狀況。廉貪運還會因財窮而想出一些非法的事來做，想要得到財，見財起意而狗急跳牆。

有時候為了想賺錢得財，其人也會自作聰明的先下餌，結果是偷機不著蝕把米。

走廉貪運的人，也會去擺地攤，或做無本生意，因為經濟狀況太壞了，平常拉不下臉來，此時已顧不得許多了，只要有錢就好了。

走廉貪運的人，想要升官或考試，真是想都別想了，許多生計大事要你忙，而且頭腦不濟，做了也是白做。不過有『廉火貪』、『廉鈴貪』格的人，也許有異外升官的機會，但時間很短，最多幾個月或一年就會被拉下馬來，並不長久。而且所得到的利益或錢財很少，也許是不實際的虛位。

廉貪運這麼差，也只有命盤格式是『紫微在丑』、『紫微在未』的人才會碰到，倘若你不是此兩個命盤格式的人，你就不會碰到，稍可安心了。

走廉貪運的人，在前一年是太陰運。『紫微在丑』命盤格式的人，正走太陰陷落運，已經連續兩個年頭很窮困了，到了馬年走巨門居旺運，雖也是口舌是非多，困擾不斷，但在感覺上已經大好了。接下去是天相運和同梁運，會有兩、三年平靜的好日子過，也可喘一口氣了。巳年走空宮運有廉貪相照的人。實際上也根本是在走廉貪運。你是『紫微在未』命盤格式的人，因為有『日月居旺』的格局，前一年走的是太陽居旺運，在戌年時走太陰居旺運，因為前一年有好運，所以你對廉貪運覺得特別痛苦。實際上你比『紫微在丑』命盤格式的人要命好一點，只要度過巳年這一年低落的運氣，接下來就是十二年一度的高峰期了，因為下一年（馬年）走天機居廟運，凡事會有變化，會愈變愈好有大轉機。在未年走紫破運時，更可衝刺一拚，有好一點的成就。因此你是比『紫微在丑』的人，多了兩年的好運道的。

另外在巳、亥年有天機居平運、太陰落陷運、天梁落陷運都不是好運，但狀況沒有廉貪運這麼慘。

天機居平運

在巳、亥年有天機居平運的人，在巳、亥年會逢到環境或工作上有變遷，會愈變愈壞。天機是一顆動盪不安的星，也是代表聰明、智慧，手足方面的星，天機居平時，聰明、智慧不足，喜歡要弄小聰明，常使自己的運氣愈變愈壞。在這個運中，讀書考試的人是不喜歡唸書的。就是唸也是馬馬虎虎，成績不好的。因此考試無份。自然不易升官，只要不被辭掉，已算是好運了。倘若有天機化忌或天機、陀羅在此運中，更笨，專做一些搬石頭砸自己腳的事情，而且會引起一些是非災禍，和好事會拖延，最後無疾而終的狀況。在天機居平運中，最重要的就是穩定和穩重。凡事要穩住，不要讓情勢轉變，倘若是自己沒辦法主導、穩定的事情，就要請教有能力的人，看看想什麼方法來穩住。倘若碰到被調職、心有不平，也要忍住脾氣，順應一下，只要忍耐過這一年，下一年走紫微運時，便撥雲見日，一切大好了。

在巳年逢天機居平運，要比在亥年逢天機居平運好，因為在巳年的天機居平運，其流年還移宮是太陰居廟，表示你外在的環境中仍有許多財，但這是早出晚歸、薪水階級的財，只要外出上班，有固定薪資，一切還是會順利的。只要不做出變動、換工作，財還是會有儲存的。而且在你的周圍環境中是具有人情味濃密、周圍的人都是有細緻情感、敏銳心思，對待你很溫柔多情的人。主要是你自己的運氣不好。只要你自己不要心情起伏太大，對人不友善、不禮貌，周圍的人會容忍你、幫助你，即使你做錯事也會原諒你，對你好的。

在亥年的天機居平運，因流年遷移宮中的太陰星落陷，是故外在的環境是財窮的狀況，因此你更覺不順心了。這很可能就會造成失業的痛苦。但是你仍是要做薪水族的工作。即使擺地攤、生意不好，也要天天去擺，才會有生活之資。此時你的環境變化很大，用勞碌、多做少說，不要得罪人，小心翼翼的生活，度過此年，到下一年紫微運時會有好日子過。亥年在你周圍的人際關係也是不好的。周遭的人，敏銳性差，對你也不太親和、友善，你做錯事會受到挑剔和責罵，這是因為你本身財窮，聰明度又不高，又生活在一個財窮的環境之中的關係，所以一切要以忍耐，少變動為主了。更不能一時衝動發脾氣，或放棄一些東西，也無法去爭，因為爭也爭不過的，這也因為運氣不在你這一方的關係。

太陰居陷運

在巳年會逢太陰居陷運的人，是『紫微在子』命盤格式的人。太陰是陰財，表示是按月發放的薪水之財，或是房租之類的財。因為太陰也是田宅主，故太陰又代表房地產的財。太陰還代表積蓄，在銀行中儲存的財、及私房錢（私下、暗中所藏的錢）。當太陰落陷時，不但薪水的財少，很可能沒有，例如失業無財等等。在太陰落陷運中，就是有房子出租，也常租不出去，賺不到房租。自然在此運中會沒有私房錢或銀行存款了。有些本命有財的人，在此運中也會銀行存款減少。

太陰落陷運，不只在財方面有缺少短失的情形。在人際關係方面也是不順利的。因為你本人會在情感方面遲鈍，敏感力差，又不會看人臉色，容易遭人白眼對待。你本人對待別人也不夠溫柔體貼。財少時，人的腦子較笨，反應較遲鈍，也不懂得應和、和轉圜的方法，有時候也會做一些礙手礙腳的事，讓人討厭。小孩子逢太陰落陷運時都愛哭，是不順的原因。大人逢太陰落陷運，心情會很悶，愛生氣，自己老愛做笨事，但內心又覺得委曲。內心也會很敏感，但這種敏感只會使自己心情不好，對正事、人緣和賺錢是沒有助益的。不像太陰居旺的人會處事圓融，把事情解決。逢太陰居陷運的人，只會鬱卒、自怨自艾、心情更灰色、更放棄，使事情更糟糕，還好的是，只要忍耐過這一年、下一年在午年（馬年）時，便有無限好運，會走貪狼居旺運，前一年的財窮、灰暗就一掃而光了。

天梁陷落運

已年走天梁陷落逢的人，或亥年走天梁陷落運的人，都是『紫微在辰』、『紫微在戌』兩個命盤格式的人。天梁是蔭星，代表貴人運，當天梁陷落時，代表沒有貴人，也會沒有升遷的機會。不過天梁雖陷落仍屬於『陽梁昌祿』格和『機月同梁』格中的一顆主要的星曜。你要是在此年努力讀書，必須很努力才能通過考試，是比較辛苦的運程，但是仍是有機會考上的。這要看你的程度而定了。程度好的人會考上，程度差的人仍會名落孫山。主要是你的『陽梁昌祿』格中，太陽和天梁兩顆星皆居陷位，但你仍對讀書考試抱有希望，不像其他沒有走『陽梁昌祿』運的人是一點也不想去考試，也不想唸書的。倘若這種落陷的『陽梁昌』運中沒有祿（就是沒有化祿或祿存），那你考上的機會就更渺茫了。祿很重要，尤其是在好運機會中，它是一種機緣，一種時間點促成的成功切合點，沒有祿唸書也唸不好。

天梁陷落運時，流年遷移宮是天同居廟，表示其人外在的環境是一種平和、安祥，有些懶惰，非常穩重、不愛動的環境。人一定要活動起來才有機運，不動就很難產生機運，是故機運是不佳的。

天梁也代表名聲、顯貴的意義。天梁落陷時，沒有名聲，沒有貴顯的機會。同時其人也不重視名聲，會放棄面子問題，只想賺錢。但是天梁不主財，所以能賺到錢的機會和實值數量也是極少的。

天梁是老大星，愛當老大照顧別人，愛管別人家的閒事，喜歡為別人出主意，能做軍師人才。這是天梁居廟、居旺的人才有的特質。當人走天梁落陷的運程時，只有頑固依舊，但其人不愛當老大，喜歡當老么，不喜歡管閒事，也沒有慈愛之心，不喜歡照顧別人，更不喜歡眷養小動物，嫌麻煩。也不喜歡養子女，嫌麻煩。更不喜歡別人太關心他，他會覺得別人的熱心照顧是一種負擔和管束，很麻煩。他們會很怕事，膽小，有事就躲起來。也不喜歡競爭，看起來很懦弱。

有一位喜歡命理的朋友來算命時與我辯論，他說他的弟弟在天梁陷落運時發了大財。我想這是不太可能的事，極可能他是在前一年走紫相運時賺到了錢積存下來，在天梁陷落運時只會耗弱，而沒有大的進展。因為天梁本身不主財，又沒有貴人助財，環境中只是平和，又沒有衝勁的力量，凡事在一種停滯的狀況，也會略顯下滑的運氣，又如何能發財呢？而且天梁運多少帶有頑固、自私的色彩。尤其天梁陷落時更甚。這是固步自封，很封閉，不喜與人交往的運程，沒有機緣，如何有財可進呢？雖然其流年財帛宮是日月同宮，太陽居陷、太陰居廟，這種財多半是薪水之類的財，或延續以前所續留下來的財。這種財不是向外打拚所賺到的，故而要發大財是何其難呀！能好好守住就不錯了。

在巳、亥年有中等的財，財不太多的，有天相運、天同運、天府運、巨門等幾個運程。先談天相運。

在巳、亥年的天相運

在巳、亥宮的天相居得地、剛合格的運程中，天相屬水，以在亥宮（屬水的宮位）為旺。巳宮是火金之宮位，不會生水，故天相在巳宮的運程是絕對不及天相在亥宮的運程的，雖然同居得地合格之位，但是有差別的。

在巳、亥年的天相運，因流年遷移宮中是武破，代表其人環境中就是比較窮的環境、財少，所以這個巳、亥宮的天相運，實際上是在財少的景況中有衣食溫飽而已，福運並不是很強的。而且遷移宮中武曲財星和破軍耗星同宮，為『因財被劫』的格式，財星都被劫財了，還會有多少財呢？只靠福星來打平生活所需已經是很不錯的了。

在考試運和升官運方面，因此天相運的周遭環境中是財窮的現象，很可能考試名額少，不好考。也可能競爭的人數多，競爭激烈，即使上榜，名次很後面。而你與升官機會容易擦身而過，也可能沒有人選，讓你暫代。此種運程以保持原狀、原樣最好了。在生活操勞中使之平順。

在巳、亥年的天同運

在巳、亥年逢天同運時，你以為天同居廟是最好了，但也不盡然，因為此天同運的流年遷移宮中正是天梁陷落，表示你心境懶散，提不起勁來，周圍環境中沒有貴人，你也並不積極尋找貴人，你心境鬆懈，沒有奮發的意願，故也是保持原狀便很好了。**倘若有天同化權或天同化祿在巳、亥宮的天同運中**，你就會有勁來打拚奮鬥一下了。因為有權、有祿會激勵你，使你起而行的努力，也會參加競爭行列了。沒有權、祿的幫助，你就會沒有目標和意志力，只會懶在那裡享福了。

巳、亥年的天梁陷落運

倘若天梁陷落運中有化權或化祿，此運也是不算太好的運程。因為權、祿的旺弱是跟隨主星的旺弱而有變化的。所以天梁陷落化權，並不強，因為天梁居陷的關係，天梁陷落帶化權的運程，其人會特別頑固，超出想像，其人會自以為是，不聽別人的意見，也不聽家人的勸告，會一意孤行。他倒是溫和的，消極的抵制別人的意見。天梁陷落化權會使人勞碌，但思想沒有中心目標，或是一廂情願，專想對自己有利的景況，不能辨明現實環境中的利害關係，思想較虛幻不實際，做事也沒有重點。也可能所追求的只是在表面上有人對他說好話，似乎很尊重他，實際上，其人常被人耍弄或出賣，會一事無成，也賺不到自己想要的財，而且走此運時，他仍不喜歡別人管他、幫助他，依然是貴人缺乏的狀態，而又想強制來掌權，結果又沒人會聽他的，讓他很生氣。

在天梁陷落化祿的運程中，財也是很少的，天梁星本不主財，主貴。天梁陷落時，主貴的力量也很薄弱。化祿會更增加其人的自私心態，會賺一些原本不屬於他的財，容易貪污。在天梁陷落化祿的運程中，容易在路上或外面撿到財物，而這些財物也容易給你帶來麻煩。不過當時你以為有偏財運了呢！

曾有一位朋友在走『天梁陷落化祿運』時，在高爾夫球場撿到一個皮包，內裡沒有任何文件，只有一包錢，他原想送警局，但又貪心，想又沒有任何標記，乾脆帶回家算了。那幾日夫妻倆高興得日日上餐廳大吃一頓。數日後他老婆告訴他，信用卡弄丟了，結果被人盜刷，在那個時候，不像今日即使被盜刷，仍是要付錢的，因此反而破財更多。他很奇怪的跑來問我，難道天梁化祿真的是因意外之財而有包袱嗎？怎麼會真的這麼靈驗呢？

天梁化祿運倘若你是做正事、存正心誠意，做善事，便沒有包袱了。倘若心懷不軌，因貪念得非份之財就有包袱了。此位朋友的天梁是居陷位的，因此他選擇侵佔失物之財。這是收之桑榆，失之東隅了。所以有天梁陷落化祿的人，千萬別貪心，以防有報應和包袱。

男人走天同運，而有天梁化祿在對宮（流年遷移宮）中對照時，你會稍為奮發一點，還是不可撿失物貪財。要賺正經的錢才會長久。你要勤奮工作，這是『機月同梁』格的格局，天天上班領薪水，工作奮發，會有財祿可進。這也是一般衣食之祿普通的財運，不會是大財。

在巳、亥年的天府運

在巳、亥年的天府運，也只在得地合格之位，表示此年你過得財運平順，但不會是大財。因為你的流年遷移宮中是紫殺，這是一種辛苦打拚，工作順利吉祥的財。因為環境中是一種高尚、祥和、適合打拚努力的環境，而讓你在努力之後，略有餘存。

天府屬土，以在巳宮屬火的宮位相生較好。但相照的紫殺雙星中，紫微屬土，七殺屬火金，故紫殺也以在巳宮較旺，在亥宮較弱，所以當天府運在巳宮（逢巳年）時，外面打拚的環境是不如天府在亥宮外面打拚的環境好的。雖然如此，仍以天府運在巳年所存的錢較多一點，而天府運在亥年存的錢少。

在巳、亥年的天府運仍是算平順略有積蓄、小康之家的財運。

走天府運時，人愛計較、愛存錢、愛數鈔票，對人較刻薄，較自私，只愛自己享受。凡事一板一眼，不喜歡把錢借人，小心翼翼的做事，只要不妨礙別人，倒是非常好的運程。

走天府運時，因其人內心有財，在處理事情方面會對人公道一點，他是護財護得很緊的人，只要沒有金錢瓜葛，他對人仍是非常好的好好先生的。這個天府運必須十分打拚才會考得上考試。因為環境會影響你並不是很聰明，但只要苦唸就會有成果。升官的情形也是一樣，你必須辛苦的表現，就有機會升官了。在賺錢方面，你是一點一滴的存起來而富裕的，可不會發什麼大財，只有會儲蓄的人才會有錢。

巳、亥年的巨門運

巳、亥年的巨門運是『紫微在寅』和『紫微在申』兩個命盤格式的人所會擁有的運程，雖然仍是口舌是非不斷，但因巨門居旺，故是個可以用口才、用言語來解釋、化解的運程。也可以賺口才方面的財。

當一個人的命盤中之巨門是和文曲星都居旺時，就表示你會有很好的口才了。有文昌居旺的人，是頭腦聰明，明白事理很快，數學頭腦也好一點的人，同時也是具有文質氣息多一點的人。倘若文昌、文曲、巨門皆居旺在人之『命、財、官』三合宮位之中，這表示其人的頭腦精明，清晰，口才的表達能力特佳，常超出一般人很多出來。並且這也是你成功的利器。對你一生的成就影響很大。

倘若巨門、文昌、文曲全居旺在『夫、遷、福』等三合宮位中，那表示你內心的鬼怪、計謀很多，人也很精明，會借助一些是非，引起一些口舌之爭來達成你的願望。或者你是稍具與災樂禍的心態，一下子就很精明的知道在任何一個是非口舌的災禍之中，其背後所隱藏的玄機了。因為你很能瞭解那些為非作歹、挑起事端的罪魁禍首的心態。但是你不一定會插手出來幫忙解決，縱使事情牽連到你，你也會四兩撥千斤的，希望是隔山觀虎鬥的狀況。

倘若『命、財、官』中有巨門、文曲居旺，而文昌是居平或落陷的人，你可能只是個聲音很大、愛吵、愛辯論、愛狡辯，但頭腦不一定清楚的人。說正理時，你辯不過別人。吵到後來，你也會聲音愈來愈小了。

倘若『命、財、官』中有巨門陷落，文昌、文曲居旺的人，你的口才不好，容易有是非，你比較剛直，具有其他方面的才藝，一般時間你比較溫和、安靜，直到把你逼急了，你才會發火，拚命以對。

倘若『命、財、官』中有巨門、文昌、文曲，全都陷落的人，你是一個既不會說話、是非又多，頭腦不清楚，也沒有任何才藝能力的人。你的氣質也很粗俗，罵人會罵髒話，吵起架來會撒潑，並常以此種技倆來戰勝別人，所以別人都很怕你。

以上是命格中巨門和文昌、文曲所代表人之聰明度和口才好壞的狀況，現在再來談到巳、亥年的巨門運。

巳年的巨門運

巳年的巨門運沒有在亥年的巨門運好，因為巨門為五行屬水的星，雖也是在巳宮居旺，但巳宮為火金的宮位，水火相剋之故。再加上巳年的巨門運之流年遷移宮中是太陽陷落，周遭環境一片晦暗不明，因此這個巨門運的前途是堪慮的，並且是非口舌的災禍又多。若再有火星、擎羊在三合照守，便會形成『巨火羊』的惡格，有自殺惡死之狀況。在這個巳年的巨門運中，人是比較鬱悶的，而且容易招口舌之災和車禍血光。

在巨門運中人都喜歡說話，喜歡辯論，也愛吃零食，舉凡一切與嘴有關的事務，都會在此年中嘗試。在巨門運中，也會靠口才來吃飯，有人在巨門運中做推銷員，做傳銷事業或作保險經紀人，也有人在巨門運中成為老師去教課，或是在巨門運中出馬競選公職與民意代表。其中以在亥年的巨門運有機會選上，是前途大好的。

在巨門運中所有的競爭變得激烈，而且過程詭譎。很多事情都會以麻煩、爭執的形態出現，往往要花比平常多好幾倍的時間與精力才能慢慢釐清、解決。

巳年所逢之巨門運容易有傷災、血光，也容易有影響前途之是非災禍。因為對宮是太陽陷落相照的關係。所以失業啦！誹聞、淌渾水、流言中傷、車禍、血光、財產糾紛，與父親之間的糾葛，與政府之間的對抗或官司，學校的糾紛，大機構的倒閉或經營不善等問題，而影響你的生計。

※巳宮巨門運的對宮有太陽陷落。太陽就代表父親、政府、學校、首長、大機構、領導階層、主管人員，當太陽陷落時，與上述這些層次的人或機構全不和，有刑剋和是非。

亥年之巨門運是一個旺運，雖也有是非口舌之爭，競爭也激烈，但對宮有太陽居旺相照，故外在的環境甚佳，前途一片光明，情勢大好，是一個讀書、考試、競爭、競選的旺運流年，但仍要小心血光、傷災會夾帶著是非、官非等問題，要花一陣子時間解決。

另外在巳年還有一個紫殺運、一個太陽居旺運是非常好的旺運流年。在亥年則只有一個紫殺運是旺運流年了。

因為太陽在亥宮是陷落的，反而不吉。對宮相照的流年遷移宮是巨門星，因此**在亥年的太陽運是前途晦暗**，人心情鬱悶，凡事沒有發展，容易有官非、坐牢的情形產生。也容易失業、失職遭處份。父親生病者，可能會丁父憂。若要考試升官，因太陽陷落的關係，情況不大好，升不了官，考試成功的機率不大。不過太陽陷落運，仍在『陽梁昌祿』格上，要十倍以上的努力，若是逢流月和大運都很好，也勉強能考上。只是志願和學校並不一定理想。

巳年的太陽旺運，是一等一的好運。會有名聲，能掌權、會有好的機運，且能確實把握住，並且太陽運是正走『陽梁昌祿』格，因此在考試、升官、事業前途上都有貴人助利，一定會有鴻圖大展的機會。雖然對宮有巨門相照，巨門是居旺的，是非口舌仍不斷，但能擺平。主要是因為太陽光的強烈照射，其強度可制化一切晦暗面的邪惡力量。今年台灣總統陳水扁正走這個太陽運，而且是太陽化祿運，雖然台灣經濟問題被他搞得一團糟，麻煩事件也特別多，老百姓都很窮了，但他仍有錢可賺，而且穩坐泰山。這種狀況到了明、後年他走破軍運和天機陷落運時，便不會如此好運了。麻煩會更多，聲譽會更差。

巳、亥年的紫殺運

巳、亥年的紫殺運是『紫微在巳』、『紫微在亥』兩個命盤格式的人，一生之中少數的幾個好運年中較好的一年了。他們有『武貪格』，在丑、未年便走這個暴發運流年。倘若有武曲化忌或貪狼化忌同宮的，或有劫空、羊、陀一起同宮的，暴發運便沒有了，很可能還有是非爭端或錢災、人災。那紫殺運就成為他的第一層次的好運年了。

紫殺運是一種用祥和、穩重的態度去努力打拚、埋頭苦幹的運程。有此運的人在此年中都可賺到錢，要看你的環境和你努力的程度才能算出你會賺多少錢。

紫殺運的對宮（流年遷移宮）有天府居得地之位相照，表示你外面的環境是一個中等型態的財庫。生活上的富足是要賺就會有的。但是要發大財，有十分旺盛的運氣來扭轉乾坤，有大翻身的機會，則是要靠『武貪運』來創造奇蹟了。紫殺運只是一個老老實實，辛苦努力，流血流汗，做得辛苦，不畏艱難，能力排萬難而達成目標的這麼一個運氣。是故，你想對紫殺運冀望太多、太大是不切實際的，你只能把努力放在自己的人生規劃之中才行，你必須要好好把握這一年，否則接下來三、四個空宮運加廉破運就使你更每下愈況，更沒有翻身的機會了。

從前述分析看來，大家就知道在巳、亥年，真是只有三分之一的人才有好運，而三分之二或更多的人口都是運氣不佳或有是非、災禍、財窮的。而財窮的人，又佔運氣不好的人之絕大多數，所以要怎樣平安、順利、富足的度過這兩個年頭，就成了每個人智慧的競爭賽了。雖然在其他的年份也都有旺運和弱運的人，但比例如此懸殊，卻是十分少見的。因此大家更要注意巳、亥年的流年運氣之影響，只要巳、亥年的經濟情況能穩住，不要有傷災、血光，相繼也能平衡其他年份的運氣也不會太低了。如此一來就會有平順的人生，也就能造就自己的好命了。所以每個人想改命，並不難，必須要你自己多用心，知道在人生中那些年份多努力，使勁，在那些年份必須隱忍。好好壞壞的年份，就在你的掌握控制下獲得平衡，你就擁有好命了。千萬不要跟著感覺走，跟著命運走，否則你會輸得很慘，一生渾沌過日子，要改命只是妄想了。

每一個人都可從命盤中預見自已運氣好的年份，也可預見自已運氣較衰弱的年份，或財運弱的年份。而這些運氣好或運氣差的年份都是在人的一生中會重複過個六、七次之多的，（每十二年逢到相同的宮位）。所以只要用一點心，在運氣好的時候多積蓄一點，放一些財在運氣差的時候來用，自然會年年平順、富足了。在傷災和災禍（包括天災、人禍）的部份，仔細算好流年、流月，先做預防和小心，避掉出車禍、血光傷災的時間，有水厄和火災的人，預先看好會發生的日子及時間。不要到水邊去玩，有颱風、大雨時，做好防災的預防措施。在火災會發生的時間，小心家中火點。以及出外時，要慎選地點，不要到屬火的方位（例如南部、南方，以及地名、旅舍、餐廳名字帶火的地方）。在餐廳中要坐在大門或安全門的旁邊，逃生較容易。處處小心，便能得到一世的平安。《有關每個人命格中的災難時間，躲避方法在法雲居士所著『安全自保守冊』和『紫微改運術』中有詳細的解說》。

第四章 『財祿逢空』，財會空，頭腦也空

很多人看自己的命格，感覺很好，是一個好命格。但為什麼沒錢呢？為什麼自己也不是大富翁呢？非常奇怪！常有人以此來問我，這麼好的命格為什麼沒和王永慶一樣有錢？為什麼他只是過一般人的生活，沒有過億萬富翁的生活？也有人問：『老師，我這麼聰明！難道你從命格中看不出來嗎？』

說實在的，我還真怕傷了這些人的心！

很多人看自己的命盤，都只把好的星曜和宮位排出來，而故意忽略掉不好的星曜和宮位。其中以天空、地劫二星被忽略的最為嚴重。但是這兩顆星不管你是否會忽略它，或關心它，它都會默默的在自己的崗位上發生它的影

響力，不管是好的、壞的影響力。

在大眾之中，人全都很聰明。但財少的人，總是嘴上聰明，得不了財，也成就低。這種聰明當然從八字或斗數命格也會一目了然了。

本命少財的人，從生辰八字中就可以看出你少財了。紫微斗數的命盤是更科學、更真實的道出你的財究竟少在那裡？是為什麼原因而財少？你不信？現在我們來看看這個命格。

例㈠此人的八字是癸卯、癸亥、丙子、己亥。日主丙火，火之財為金。四柱無庚、辛金，無財。其斗數命盤在下：

此人是巨門化權、祿存、天空坐命的人。看到命宮中有化權、有祿存，挺令人高興的，但是別忘了還有一顆天空星在命宮。『權、祿』就要有一點慨嘆了。『祿』不論是化祿或祿存，最怕逢煞星（如殺、破和羊、陀、火、鈴），更怕逢空、劫。

祿星，包括祿存和十種化祿星（廉貞化祿、天機化祿、天同化祿、太陰

某先生之命盤

	64-73	54-63	44-53	
僕役宮 天鉞 天馬 台輔 丁巳	遷移宮 天機 戊午	疾厄宮 紫微 破軍化祿 己未	財帛宮 火星 庚申	
官祿宮 太陽 丙辰	金四局	陰男	子女宮 天府 鈴星 辛酉	34—43
田宅宮 武曲 七殺 文曲 己卯	己亥 丙子	癸亥 癸卯	夫妻宮 太陰化科 地劫 天姚 〈身〉 壬戌	24—33
福德宮 天同 天梁 甲寅	父母宮 天相 擎羊 乙丑	命宮 巨門化權 祿存 天空 甲子	兄弟宮 廉貞 貪狼化忌 陀羅 文昌 癸亥	14—23
		4-13		

化祿、貪狼化祿、武曲化祿、太陽化祿、巨門化祿、天梁化祿、破軍化祿）只要有一個天空星或是地劫星同宮時，便是『祿逢劫空』、『財祿逢空』、『祿逢沖破』了。

祿星（祿存和化祿）和財星（包括武曲、天府、太陰）都特別稚弱，最怕強悍的星如七殺、破軍、擎羊、陀羅、火星、鈴星、化忌來沖剋。當然也怕地劫、天空來劫取和架空。所以不管是祿星或財星只要碰到這些煞星便沒轍了！財就少了，或根本沒有了。

由前面這個命盤中，我們可以看到祿存和天空同宮在命宮，另一個地劫星在夫妻宮和太陰化科同宮。這個人的命宮有『財祿逢空』、『祿逢沖破』的格局。而夫妻宮也有劫財的格局。很明顯的就是說：此人頭腦中常有一些奇怪的想法，這些想法就是讓錢財會成空的。

你可別誤會此人很笨喔！相反的，有空、劫在命宮或夫、福二宮的人，都是智商很高的人。但是為什麼會把財弄空，被劫走呢？這主要是他們天性空靈，靈感好、好幻想、點子多。他們的敏感力不在財的方面。財是現實面的東西，要即時得到、攫取、掌握在手中的才是財。而有劫、空在命宮、夫妻宮、福德宮的人較愛幻想，不切實際，他們的思想有時是超越了現實層面的，故無法接收到財。但亦有些時候，他們把自己的點子和看法告訴別人，別人去做就賺到錢了。而他們自己做卻無法賺到錢，這是什麼原因呢？這就是時機不對，他們掌握不了得財的時機之故。能不能改善此種狀況呢？就以他們自己要去取財來改善，是無法改善的。倘若他們請別人幫忙取財就一定拿得到財，賺得到錢了。所以我給有此種命格的人的建議都是：一定要認清現實，請別人幫忙理財、取財，就賺得進錢財了。

在前面這個命盤中之夫妻宮是太陰居旺、化科和地劫同宮，他本命又有巨門化權，很顯然此人有大男人主義的觀念，不喜歡配偶來管他的事情，而配偶又是個會理財、儲財能力很好的人，但被壓制、放在一邊而無用，對他也沒有助力了。由其八字中也可看出此人命格的有趣現象，其人的日主是丙子。他本身是丙火，代表太陽，而日主之日支是『子』，子中有癸水。太陽的熱與火，會逼乾癸水。此人很顯然的壓制配偶，所以配偶也對其沒有助力了。再看其父母宮為天相、擎羊為『刑印』的格局，『刑印』就是沒有權力。在父母宮就是父母沒有權力和能力管他。有擎羊在父母宮，表示父母還讓他很頭痛，造成刑剋。在八字中年支和月支卯亥會木局，可助丙火生旺。但年干的癸水和月干的癸水又和丙火不合，但可支助木的生長。這就形成一種暗相助，但又實際有相剋的狀況。據此人說：父母在家中愛吵鬧，很煩，他也很少回去，根本不聽父母的話，父母也管不了他，也幫不了他的忙。正應了紫微斗數中這種父母宮是『天相、擎羊』的格局了。

在此人的八字格局中就獨缺財星。在他的紫微命盤中，你也可清楚的看到所有的財星都有受到刑剋。1.命宮中祿存和天空同宮。2.夫妻宮中太陰化科和地劫同宮。3.子女宮中天府和鈴星同宮。4.在疾厄宮中化祿又是跟隨破軍耗星。並且財帛宮是火星居陷，官祿宮是太陽星（不是財星），福德宮是同梁（也不是財星），喜愛優閒的生活。還移宮是天機居廟（不是財星）。在田宅宮是武殺同宮，『因財被劫』的格式，因此其人命中的財真是少，此人是靠運才有平順的人生。

在六親中，只有妻子、子女能幫他儲財。而夫妻宮有太陰化科和地劫，太太是美麗溫柔，會理家、理財的人，最好小心身體。太太健康，夫妻感情美滿，此人就會有財。所以此人的得財潛能完全藏之於家庭妻小之中。但這並不表示此人沒有能力去賺錢，而是他的財是要靠妻小來幫助儲存的，才會多。他是巨門化權、祿存、天空坐命的人。本來他是具有十分強勢的說服力，只要他去向別人開口說要做生意，別人就會給他做。但是有『祿逢沖破』的格局，祿存又是保守孤獨的星，所以他總是在家等著別人來找他，自然賺錢少了。巨門和化權都是極愛競爭的星，用口才、用掌握是非的手段來得財，受制於『祿空』的影響，權也空了，所以常自己讓出機會，不喜與人爭。他問我：『用什麼辦法可改善呢？』，『只有自己走出去呀！不要放棄每一個機會，要競爭就競爭，給自己鼓勵，減少自己灰色的放棄思想，『財祿逢空』的現象自然就改善了』。

實際上此人走到一些愛爭的運程流月或流年時，也是會去競爭的。

例如他走太陽居旺運，運氣好會愛競爭。天機居廟運，環境中有急速的變化，而且會愈變愈好，他也愛競爭。走火星運他也愛爭，但因火星居陷而爭不到。走紫破運，他也愛競爭打拚，紫微會使競爭得到祥和的結果。走天相、擎羊運，他也愛爭。是因為擎羊運愛爭的結果，但這是『刑印』的格局，無法掌權而爭不過。所以人也會因為運程的關係而好競爭。但因本命祿空，容易後繼無力而放棄，這就是命格中財空所造成的影響了。知道問題的所在，力圖突破，就能改善命運。

例(二)

此人的八字是辛卯、辛卯、丁卯、乙巳。日主是丁火。火之財是金。此命格中有雙辛出干，有一點財了，但是偏財。斗數命盤如下：

此人是貪狼、擎羊坐命的人，本身就是『刑運』的命格。因為貪狼是好運星，而擎羊是刑星。其人會因為多煩惱而懶得動，運氣受阻礙。貪狼是速度快，要奔波，出外尋找好運的星，與擎羊同宮，就會減慢速度，也不喜歡外出或運動，自然就運氣少了。

某先生的命盤

53-62	43-52	33-42	23-32
疾厄宮 太陽化權 文昌化忌 左輔 癸巳	財帛宮 破軍 天空 甲午	子女宮 天機 乙未	夫妻宮 紫微 天府 陀羅 <身> 丙申
63—72 遷移宮 武曲 地劫 壬辰	陰男 木三局		兄弟宮 太陰 祿存 文曲化科 右弼 丁酉 13—22
僕役宮 天同 鈴星 辛卯	辛卯 辛卯 丁卯 乙巳		命宮 貪狼 擎羊 天刑 戊戌 3—12
官祿宮 七殺 火星 庚寅	田宅宮 天梁 辛丑	福德宮 廉貞 天相 庚子	父母宮 巨門化祿 己亥

此人的遷移宮是武曲、地劫。財星被劫走了，自然財少了。這也表示在其人的環境中看得到財，而且是大財（財星武曲在辰宮居廟，故是大財）但其人摸不到財。需要靠別人的幫忙來取財。用會計和配偶，親近而財祿好的人來幫忙才行。

此人的夫妻宮是紫府、陀羅，而且身宮又落夫妻宮。表示在他的心裡，其配偶是長相體面，會理財、財也多，但是有些笨的人。同時夫妻宮也代表其人內心的價值觀與情緒智商，所以此人是內心富裕，喜歡長相體面、高貴、有家世、有錢的人，在選擇配偶或朋友時，他也是有選擇性的，很頑固的，帶點視利意味的在選人。自然在他的人緣關係上不是任何人都接受的。所以他命宮中的貪狼、擎羊就代表著人緣受刑剋。其人會保守，來往的朋友不會太多了。這也影響到他的機會和機緣了。

紫府和陀羅同宮時，紫府的力量大過陀羅，所以此人的配偶仍是十分有錢的人，紫府受陀羅刑剋得不嚴重。

在此人的命格中刑財的格局較嚴重的只有一、遷移宮中武曲被地劫所刑。

二、財帛宮中是破軍耗星和天空同宮。其他的財星如太陰和祿存、文曲化科、右弼同宮在兄弟宮是十分完全而且美好的。而巨門居旺化祿在父母宮，雖受對宮文昌化忌相照，有刑剋，但不嚴重。（祿星的刑剋以同宮的最嚴重）

所以整個的看起來，此人的問題，只是環境中摸不到財，耗財多，喜歡投資，或借錢給人，而錢拿不回來。常被他擅理財的妻子唸經和怨嘆。不過此人的妻子是紫相坐命的人，財帛宮又是武曲化權、天府，很能掌財。只要他的妻子出面去要債，一定要得回來。不過此人有大男人主義，不願妻子來管，又造成財祿逢空、逢劫的局面了。

我給這對夫妻的建議是：先生喜歡用腦，會有好點子，由太太去執行，錢就很容易賺回來了。這對夫妻在做私人放款業務，實際上也必須如此，才會賺大錢。

『祿逢空、劫』在各宮的意義和解決辦法

倘若有祿存和化祿逢天空或地劫同宮時，稱做『祿逢空劫』，又稱做『祿逢沖破』。

天空星有的特性是：凡事成空，是有清高、超脫、富特殊靈感及幻想的一種理想。是自身思想上的變化使財成空，而不去受財，這是自己放棄的型態。

地劫星是由外來的劫入，外來的影響，使其破財、敗財，增加損耗，而使財空無。這是被外來事物或人介入而導致失財或無財。

祿存和天空或地劫在命宮時的現象

當祿存和天空同宮在命宮時，此人是保守的，不想與人多來往，自命清高，要退讓，不參加競爭得財，甘願把財拱手讓給他人的。所以這是其人頭

腦有問題，看法超出現實之故。他也容易對事情估量錯誤。當祿存和地劫同宮在命宮時，是由於其人有特殊的靈感和想法（屬於幻想之類），在處理事情，或進財時造成阻礙，使財沒有了，耗損或失去了。

十種化祿與空劫同宮在命宮的現象

廉貞化祿和天空同宮在命宮時，其人會因為智慧、企劃、想法和別人不一樣，或是因堅持特殊的癖好，而使財不會靠近，而逢空無。

廉貞化祿和地劫同宮時，也會因自己本身的智慧問題，企劃和想法和別人不一樣，或因自己的特殊癖好，而使財被人劫走、搶走。

天機化祿和天空同宮在命宮時，其人會因為自己特殊的聰明，超脫常人的智慧，和多變化起伏的情緒，以及多變化的環境而不屑與人競爭，甘願放棄機會和財。

天機化祿和地劫同宮在命宮時，是因為自作聰明、情緒多變和環境中的變化，使其人的財被劫走了。所以其人是看起來十分聰明，但沒有財的。

天同化祿和天空同宮在命宮時，其人是溫和，愛享福，頭腦聰明，思想超脫和緩慢的態度，根本不想與人競爭，而甘願放棄財的。

天同化祿和地劫同宮在命，則是因溫和、軟弱、愛享福、有點懶，頭腦也聰明，有特殊的想法，讓財被別人劫走了。

太陰化祿和天空同宮在命宮，其人是情感、情緒方面偏向清高，重靈性的態度，因為感情和情緒因素，不想與人計較得財，而甘願放棄財的。

太陰化祿和地劫同宮時，也是因感情因素和情緒因素，被外來的人、事、物所影響劫入而使其人得不到財。

貪狼化祿和天空同宮時，是因特殊貪心的意念，例如貪名、貪權而自我放棄了財，同時好運機緣也沒有了。

貪狼化祿和地劫同宮時，是所貪的財和好運機會等全被外在的事物或人所影響而劫走了，這也是因為其人頭腦偏頗的問題所造成的。

武曲化祿和天空同宮時，武曲化祿是雙財星，有天空或地劫同宮時，在辰、戌宮，武曲是居廟化祿逢劫或空，其實其人本身仍然有財，只是進不了財，接收不到財，摸不到、拿不到財而已。這是因為其人的思想上出問題，全做一些與財背道而馳的事情，例如投資別人，要不到賬，就不繼續要了。財收不回來之類的事情。或是受騙，財被別人拿走。

太陽化祿和天空同宮時，太陽不主財，為官星，為做事、工作所主的財，和天空同宮，即是事業上、工作上常因思想上的問題，而使工作丟失，或不工作而沒有財。

太陽化祿和地劫同宮時，是因外來事物或他人的關係所影響而失去工作機會方面的財。

巨門化祿和天空同宮時，本來是非多。但此時用口才得祿的狀況改變了，口舌是非會變少了。但是其人也不願意運用口才上面的能力往外去得財，財也會少了，沒有了。

巨門化祿和地劫同宮時，口舌是非的影響也被劫走了，財也被別人劫掉了。

天梁化祿和天空同宮時，天梁不主財，主蔭福和貴人運。有化祿是貴人或受蔭而得的照顧。這些照顧往往是多此一舉的。在天梁化祿的運程中，人常常會撿到錢或財物，有貪念據為己有，再發生另一件耗損之事。所以天梁化祿會因為一些意料之外的財，而成為包袱，給自身帶來困擾。**天梁化祿和天空同宮時**，就不會有意外之財帶來困擾了，相對的也沒有貴人運和蔭福了。這是因為其人有特殊的想法，拒絕貴人和蔭福的照顧所致。

有**天梁化祿和地劫同宮時**，其人會因為外來的人、事、物的影響改變其人的想法，而拒絕貴人和蔭福的幫助，而得不到財。

破軍化祿和天空同宮，破軍是耗星，帶化祿，仍耗損大過於得財。再和天空同宮，其人在思想上會有先浪費、破耗，表面上似乎是為了進財先做的手段。實際上是頭腦空空，看不清現實，而使財也空空了。

破軍化祿和地劫同宮時，其人在思想上也是用先花錢、先破耗、先支出的方式來引財。但是有外來突發的事件，使其人只有破耗而進不了財、生不了財了。

其實前面所述這些『財祿逢空』的格式都差不多是源自其人內心的想法所造成的財空、劫財。尤其是這些格式出現在『命、財、官』、『夫、遷、福』之中，那肯定就是其人在思想上想法不一樣，觀念有問題，才得不了財的。

要進財、得財，必須要競爭，要有奮鬥、進取的能力。有空、劫與財星、祿星同宮時，就會使人對競爭和奮鬥的意念減薄了。或用其他的藉口，像不好意思啦！自命清高等別人來找上門，不想親自收錢啦！或找工作，怕職低，薪水少，不好看啦！之類的藉口。財多，會進財的人，才不管這些，他會跑得很快，只要有錢收，有財賺，他立刻就去做了，想都不用想，要競爭，要比較，他也會鬥志高昂的去應戰。這樣財才會快進來。

通常財少的人，會在命盤中有四、五個，甚至五、六個刑財、刑運、刑印、刑福的格局。像前面例(一)中幾乎命盤中的財星全被刑剋了，自然是財留不住，財少又辛苦的了。倘若你命盤中的財星只有一、兩個被刑剋，而且又存在於閒宮之中，例如在父、子、僕、兄、疾等宮之中，反倒是沒有太大的關係，仍然是會有中等左右的富裕生活了。

第五章　武曲財星『刑財』的格局及改命方法

『刑財』格局有非常多的種類。最簡單的說法就是命宮有財星再有殺耗之星及羊、陀、火、鈴、化忌、劫空等星同宮，便形成『刑財』的格局。

命宮是決定一個人，人性的品質為善為惡、聰明、愚笨、智慧高低、身體強弱、福德享用、精神、思想、靈性、肉身相互協調等種種支配能力所主宰的一個宮位。也就是在命盤中統御其他十一宮所綜合齊結的元素的總指揮官。所以命宮是能決定人一生成敗、命運的最重要的一個宮位。倘若命宮中有了『刑財』的格局，人生的道路便會因此在人生最先開始的源頭上，便產生了刑剋和變化。這個人生的源頭也可能是在人的思想、精神上與人有不同的看法，而決定了往後的行為和能力。也可能是身體不佳。也可能是人緣不好。也可能是做事不積極，有放棄及灰色思想等等的狀況，所引發其人在基本的人生起跑點所決定的路線不一樣，所造成的人生坎坷等事故。所以，『刑財』在命宮時，可以說是對人一生的影響是最大、最直接的傷害了。

各位讀者或許會覺得奇怪，為什麼在『如何觀命・解命』或『審命・改命』中都談得是『刑財』、『刑運』、『刑印』、『刑福』等格局，難道命格中就不會再出現的刑剋方式了嗎？

其實上述這些格局中是在每個人的命運中最少有一樣是會碰到的。每個人的命盤中都有相同數量的星曜，每個人的命盤中也都會有南、北斗兩大星系的星曜，同時也都會具有羊、陀、火、鈴、劫、空、化忌等煞星。當這些煞星隨出生時的時間轉移時，就會有刑剋的問題產生了。這也就是說：每個人的命格中也都有吉的一方和刑剋的一方相互在較力影響。吉事多、趨吉的力量強的，刑剋少的命格就一生會順利一點，財利和成就，就多得一些。某些人的命格中只有一種刑剋，例如是『刑運』或『刑福』，只要是在閒宮，如在『父、子、僕』或『兄、疾、田』等宮，影響就會小，甚至有時只是在運限中才會發生問題，小心一點也能躲過。所以每個人的命格中多少都有一些刑剋之事，又要看是刑剋在某宮，『刑剋』其實決定了人絕大多數的命運。能夠掌握『刑剋』，使其發生的衰運減輕，這就是真正能解命、改命的真正良方。因此我們真正會看命、觀命的人在觀看命盤時，總是正中要害的要先找出傷害刑剋我們命格的主要罪魁禍首出來，加以制衡，如此才能真正的調理我們的命理格局，達到改善我們命格的目的，而真正的改命。這就是為什麼總是談『刑財』、『刑運』、『刑印』、『刑福』這些問題的原因了。

命宮中有財星、煞星同宮是『刑財』命格
有非財星和煞星同宮為『刑命』格局

命宮中有財星和煞星同宮是『刑財』的命格。倘若命宮中不是財星，而是其他的星和煞星同宮則是『刑命』的格局。有擎羊、陀羅、劫空、化忌在遷移宮的人，再有財星在命宮也是『刑財』的格局。或再有其他的星在命宮的人，則為『刑命』的格局。例如命宮中有天同福星，則不論擎羊、陀羅是在命宮或遷移宮，皆稱為『刑福』的格局。有天梁蔭星在命宮，而羊、陀在

命宮或遷移宮的人，則有『刑蔭』的格局。有天相、擎羊同在命宮為『刑印』的格局。而若羊陀、火、鈴、化忌、劫空在遷移宮與天相相照為『刑福』的格局，陀羅、火、鈴、劫空和天相同在命宮也是『刑福』的格局，這是逐一不同的。有貪狼是在命宮，有羊、陀、化忌、劫空在命、遷二宮皆為『刑運』的格局。有天機星在命宮，有羊、陀、化忌、劫空在命、遷二宮亦皆為『刑運』的格局。這些在上冊中已有撰述，此為再提醒各位。

現在專就『刑財』格局在命宮時會遇到的狀況，以及改命的方法來做探討。因為『刑財』格局在人生的命運中佔有舉足輕重的地位。

當『刑財』的格局在命宮時，命宮中的財曜一定財星和煞星同宮的狀況，或是財星在命宮，有煞星在遷移宮相沖的狀況。也是『刑財』格局。還有一種命宮中有煞星如羊、陀、火鈴、劫空、化忌等星，而遷移宮有財星的狀況，也算是『刑財』格局，這種情況特殊，容後專題討論之。

一般財星指的是武曲、天府、太陰、化祿、祿存這幾顆星，而煞星也包括了七殺（殺星）、破軍（耗星）、擎羊（刑星）、陀羅、火星、鈴星、地劫、天空、化忌等星。

武曲星的刑財格局

武曲星是正財星，是所有財星中最強、最旺，致財力量最大的一顆星。有武曲財星在命宮的人，除非沖剋太過，否則不論武曲的旺弱，最低的層次，都會有一般小康的生活層次。就像武殺坐命的人、武破坐命的人，雖然武曲居平，又是『因財被劫』的格式，但只要命、財、官、還不要有多達四、五個以上的煞星聚集，就仍有普通小康的生活環境。若有那麼多的煞星聚集，實際上會造成生命夭折、傷殘、病歿、窮困的現象。所以說，武曲財星的『刑財格局』，事實上只是在人生中造成一些不順利的階段，或使人的成就會不高，或有生命短暫病痛的問題，大致上一般人只在錢財上對其有怨言。較不會注意它其他方面的負面影響。

凡是命宮中有武曲星時，不論武曲星是居廟、居平，或是有七殺、破軍同宮，或是有武曲化忌在命宮，或是有羊、陀、火、鈴、劫空在命宮，只要有武曲星在命宮的人，都有一個共通的特點：就是凡事會以金錢的價值觀來看待事情，而且有非常小氣和頑固的性格，並且是各有各的頑固堅持。煞星對武曲的『刑財』，影響他們對事情的看法、對事情的抉擇、選擇有影響，對得到財、享受財的多寡有影響。但讓其人對財的敏感力是沒有太大影響的。所以他們會非常清楚財在那裡？做什麼事可賺到利益，可是對是否摸得到錢財，確實的能掌握錢財和利益，卻無法真實的拿到手了。因此命格中有『武曲星加煞星的刑財格局』的人的痛苦就在這裡了。例如說有武曲化忌在命宮的人，他們也能知道錢財在那裡？做什麼營生可賺到錢。但是在賺錢的過程中頻生是非、曲折、惹出很多事來，最後並不一定能順利拿到錢。這是一種原本想得很好，但結果卻不如理想的那麼好的狀況。又例如武曲和天空或武曲和地劫同坐命宮的人，本身會有許多賺錢的妙方法。有時候他看中什麼生意做起來一定賺錢。他自己去做卻一定賺不到錢。會選錯時機進場去賺，或是找錯合夥人，被別人擺一道，錢拿不回來。倘若他講給別人聽，而別人去做那筆生意，別人一定會賺到大錢，讓他心中大感慨嘆！諸如此類的事非常多。要改善的方法，就要針對自己命格中刑財的煞星是那一種，再來做應對的方法，這樣才會有效，若是堅持的不信邪，要硬拚，那就真正應了『刑財』的命格，很難再敗部復活了。

『武曲、擎羊』在命宮的『刑財』格局

當命宮有『武曲、擎羊』在辰、戌宮的人，這是財星居廟，擎羊刑星也居廟的時候。通常這種人會長得較瘦，下巴尖尖的，性格保守、內向，人際關係並不十分圓融。個性是小氣、節儉成性的。其人心思細密，愛東想西想，常拿不定主意，有一點優柔寡斷的。但往往下決定時又速戰速決，因為不耐煩拖拖拉拉的事。可是最後他們還是感覺到吃虧了，這就是太衝動的原因了。

此種人遇到棘手的事，或自己不太瞭解，無法立刻下決定的事，都感覺到有一根刺，刺在他的心頭上，非常的難過。所以在經過一段時間的優柔寡斷之後，又衝動的快下決定，準備讓心頭刺快點拔掉。

我們可以看到命宮有『武曲、擎羊』的人，其夫妻宮一定是七殺、陀羅。夫妻宮也代表人內心情緒的智商。所以此命格的人在情緒的處理上，或真正在內心想法上，都是處在一種蠻幹、糾結，又不願說出來或不願找人幫忙的心態。他們只會將心事困在心裡，像陀螺一般糾纏不清，原地打轉，很難會湧現聰明靈巧來解決的智慧。

凡命格中有武曲、擎羊的人，例如前面所說的武、羊在命宮，必有七殺、陀羅在夫妻宮。武、羊在夫妻宮，必有七殺、陀羅在財帛宮。武、羊在財帛宮，必有殺、陀在遷移宮。武、羊在遷移宮，必有殺、陀在官祿宮。有武、羊在官祿宮，必有殺、陀在福德宮。有武、羊在福德宮，必有殺、陀在命宮。

擎羊代表尖銳、急速、愛鑽牛角尖、刺痛自己的思想。陀羅是遲鈍、慢性子、頭腦不夠用、想不開，有自我折磨形式的觀念。所以當人的命格中只要出現武曲、擎羊同宮的局面，則前述這兩種相互衝突、矛盾的情結便必然產生了。就是因為思想中有這些情緒，而讓你不能大富，只能有中等的生活條件。所以你要改命，最重要的就是要減少羊、陀在你命格中的影響。

改運方法

一、你勢必操勞，身體欠佳，毛病很多，且用腦過度，精神狀況長期處在緊張的狀態下。首先便要把自己養胖一點。你能夠胖一點，上述狀況就可改善很多了。

二、要慎選你的配偶，因為夫妻宮是七殺、陀羅，你勢必會嫁娶一個比你笨，成就沒你好的人，搞不好，你的另一半還常嘮嘮叨叨的碎嘴唸，干涉你的決定。因為他比你還笨嘛！而你是有財星在命宮的人，對錢財有一定的敏感力，而他卻沒有。因此實際上就是他在阻撓你的財運。因為你是情緒反覆無常，起初拿不定主意的人，所以你常會聽他的話，而做出不利財的事，事後又反悔。有時候你們夫妻的感情還不錯，你又需要有軍師來協商判斷，所以你經常會聽他的話。倘若你真能毫不後悔的聽他的話，也就算了，就不需要事後嘔氣。生氣對財星坐命的人來說是非常有傷害的。既傷身又傷財，有兩失的局面。你若能找到一個層次高一點的人做配偶。例如雖比你笨，工作成就還不錯，或是他是你工作的上級長官，或是他有自己的事業、地位，對你不要有太多的干涉，或你不必負擔配偶方面的金錢問題，錢財分開，各管各的。這樣一來，你受刑剋的力量會減弱，對你就比較好了。不過，有這種條件很難，通常你都會背負著家庭中經濟的包袱，或幫配偶製造的債務做善後。所以慎選配偶是你人生中境遇好壞的因素之一。配偶的地位層次高一點，或是財務分開各管各的，你受刑剋的力量就會減輕一些。

三、要多運動，少想一些沒有發生卻讓你心懷困擾、日夜難安、夜不安枕的事。心情不好，有煩惱時，就多運動，促進血液循環。

人太煩惱時少動，血液循環不良，身體不好，運氣就停滯不動，人就更愚鈍，想不出解決的方法，刑剋自己就更嚴重了。所以運動有助於頭腦的清晰，和帶動運氣的循環運作。縱使一時運氣不佳，很快便會過去，也不會造成太大的問題。

不過，要注意的是：命宮中有武、羊的人，多半會有傷災、車禍、開刀、或眼目不好、有疾病的問題。做運動時不要太激烈，以防有血光、傷災。倘若已曾經有開過刀的人，情況會好一點，但還是要注意手足的傷害，尤其是左手、左腳。當流年、流月、流日在走武、羊的流運時，若有小血光，如手指劃破了，小傷災則無妨，可以化解大血光，只要稍見紅即可，並且有小血光出現，『武貪格』的暴發運就會發得大。這一點是大家稍可放心的事了。

武曲、擎羊在夫妻宮的『刑財』格局

武曲、擎羊在夫妻宮，你是破軍坐命子、午宮的人，你的財帛宮必然是七殺、陀羅，表示你心機很重，但賺錢、花錢，處理財務的技巧都不好。你賺錢的方式很笨，很可能是用勞力、粗工的方式在賺錢，你特別愛享福，愛享受一流的物質生活，但本身賺錢的能力卻不好，你希望配偶能幫你，你常費盡心機的在找財。同樣的，你的配偶也是有一點小財，但非常計較、小心、自私、吝嗇的人，只進不出，防你防得很嚴。你們夫妻常為金錢吵架、爭鬥，感情不算好。夫妻宮有武、羊這種刑財格局的人，因夫妻宮亦代表其人內在感情的模式，故也表示說此人的內心中也常有和錢財過不去的想法和做法。例如害怕被人騙，所以非常小心。可是再小心也須要做抉擇，最後他所選擇的結果，卻是全部都可能發生的狀況中最差的一個。他的猶豫、左思右想，和最後做錯誤的判斷和選擇，都是由於『刑財』所造成的困擾。刑財會讓人鑽牛角尖，讓人多煩惱、多計較、多吃苦頭，看不清事實。所以隨後而來的就是財減少了。對錢財的敏感力薄弱了，或在進財的中途，有較凶惡的人、事、物來騷擾，讓財進得不順利，或根本就劫財劫走了。

夫妻宮有武曲、擎羊，財帛宮會有陀羅星，表示你內心對金錢的掙扎、爭鬥很多，以致於讓錢財慢進，拖拖拉拉的或減少，或無疾而終，或根本摸不到錢財了。有這種格局的人，真是用盡心機，但錢財還是不順利的。

改運方法

要改變武曲、擎羊在夫妻宮的問題，實際上也就根本改善了其人的財運問題。這種改運法的癥結，其實就是要改掉羊、陀在其人命格中的影響。

擎羊是刑星，陀羅是忌星，當擎羊在夫妻宮，陀羅在財帛宮，而其人的身宮又落在夫妻宮或財帛宮時，這羊、陀的影響力就更大了。羊、陀彷彿蛇蠍一般纏據在其人的心中，也很難改善了。因為身宮是人元神之所繫的宮位，若有羊、陀這種刑、忌之星出現，刑剋之重是異於一般，超出一般『身宮中沒有羊、陀』的人很多的。此人的刑剋會讓他有目疾或有傷殘現象，一生財源不聚，離鄉奔波，六親無依，以致於橫死、早夭等狀況。當然他所醉心的財永遠是遙遙無期的在遠方等待了。

有此命格的人，其實真正必須做的事，就是要正視自己的命格缺點，不要再急匆匆的像無頭蒼蠅東撞西撞的了。因為撞了也沒用。應該靜下心來審視自己的人生和命格，找出自己的優、缺點出來。因為這是由自己心態上的刑剋，以致於賺不到錢的。你必須要改變人生的態度，凡事慢一點，計劃周詳一點。多看看別人是如何在賺錢的，自己又有沒有別人的條件，如何增長自己的條件。找找看，自己的命盤中有沒有『陽梁昌祿』格。有的話就表示你是主貴的命格，就必須要有好的學歷，再一步一步的往上爬。也就是『高學歷』就是你的出路，通向可多賺錢財之路。這一點你是必須認清的。

有的人，夫妻宮有羊、財帛宮有陀、身宮又落在此二宮的人，有時候縱然有『陽梁昌祿』格，但太熱衷賺錢，本身又是刑財格局不想讀書，也不想上進，只想要賺錢，而永遠離財很遠，賺不到錢了。所以頭腦清楚是很重要的。你不去讀書，放棄增加學歷，就是堵住了人生唯一的出路，自然就會過庸庸碌碌的生活，很難會發達和看到財了，擁有財了。

有羊、陀在夫、財的人，很多人都是八字偏陰的人，（此是指八字四柱陰干較多）。因此你在改運和改命上要注意幾點：一、要多晒太陽、多運動。這會使你的身體血液循環較好，運氣能增旺。煩惱的時候，運氣不佳的時候，財進不來的時候，就是你命體偏陰的厲害之時，需靠陽光的照射，去除陰煞，去除你命中的小人阻財現象，而達到運氣增旺的效果。

人的運氣多半是靠血液循環在輸送的。人的身體好，血液循環順暢，人的運氣自然就旺壯了。運氣好了，煩惱自然可用智慧的圓融而解決了。因此運氣好，智慧就會高，運氣差時，人就比較笨，這是千古不變的定律。

陽光和運動就是治療羊、陀最好的良藥，『陽梁昌祿』格就是財路的方向。

倘若有此命格，又沒有『陽梁昌祿』格的人，又怎麼辦呢？你還是可以在有太陽、天梁、文昌、化祿及祿存的流年及流月中，多去學習一些對你有幫助的知識或技藝，來幫助你找到進財的方向。因為上面五顆星所在的流年、流月，對你來說，也算是旺運的時候了，學習能力和聰明的強度都比平時高，要在此時找到財的方向，是非常容易的事，也比較會接近財，所以好好把握這五顆星所在的流年、流月是最聰明的辦法了。

我在論命時，常看到一些有刑財格局，錢財不順的人來算命，很有意思的是，當他們來算命的時候，差不多已是走在財窮最後的階段了。往往只要等一、二個月就會有財可進了。這就表示說，此人頭腦已漸清楚、智慧日漸

如何審命、改命

增高了，他已知道要尋求外力的幫忙來弄清楚自己命運的走向。已經漸漸形成想順應命運的軌跡了。既然如此，其實要接近『財』也會更進一步了。

人一定要順應命，順應自己命程的軌跡，人的一生才會順利，錢財也才會順利。我常聽到一些財窮的朋友說，要和命運搏鬥，偏偏不信邪，這是不願意承認自己的愚鈍所做的強辯之詞。

要和命運搏鬥，就是要和命運唱反調。人之命運是一條人生的軌跡，它是不會和你搏鬥的，只是你會和它逆向操作，反方向行駛。走錯了路，或誤入別的軌跡，走上原本不是你該走的道路和軌跡，目的地會不一樣，當然就不會到達你原先想去的目標地了。這是你自己和自己過不去，那裡又能責怪命運呢？

因此每個人不該怨嘆命運多桀，你該怨的是你自己的聰明才智不夠好，努力不夠多，做事、求上進的心不夠好，只要你認清自己的這些問題，實際上你已走在即將有財，即將看到成功的起跑點上了。也就是你已站在正確軌跡的起始點上了，只要擁有正確的觀念，你未來的路子就會平順，財路也不會再坎坷了。

武曲、擎羊在財帛宮的『刑財』格局

當武曲、擎羊在財帛宮時，你的遷移宮必有七殺、陀羅。祿存是在你的疾厄宮中，此命格是紫府坐命的人。

每個人的命盤中都有五大財星，就是武曲、天府、太陰、祿存和化祿五大財星。化祿有時候會和武曲、太陰相連，如武曲化祿或太陰化祿。看起來好像變成一個，不過那會是超強的聯結，會增強武曲和太陰財星的強度。

當武曲、擎羊在財帛宮的人，其人的命宮是紫府，有天府財庫星，財帛宮有刑財的格局，此人就是天生比較保守會存錢，生命中以存錢為重要，較不會向外賺錢的人。因此此人以做公務員，薪水階級為佳。其人的遷移宮是七殺、陀羅，表示他外面的環境是很辛苦、四周都是凶悍又愚笨的人。這也表示他外在的環境不夠好，是粗俗、低下，很可能是勞工用蠻力做事的人的環境。同時也表示他出生的家庭環境就不好，很可能生在窮困、父母不和、或是家中有貧病交迫之苦的家庭中。周圍的人都比他笨，正等著他來解救。紫府坐命的人，田宅宮是巨門，家中是非多，不安寧，但未來他也會經由自已的努力賺到大批房地產。

有武、羊在財帛宮的人，表示他賺錢賺得辛苦，競爭激烈、分財的人很多。不過他們的福德宮有貪狼，其人會很貪心，會比常人付出更多的勞力和心力去賺錢。因為遷移宮有七殺、陀羅，是故他周圍的人都較笨，較無智慧，只會蠻幹。所以只要他比周圍的人聰明一點，立刻會比別人多存到錢。

武曲和擎羊同在財帛宮，自然也會錢財少一點，因為有人來分財的關係。若身宮又落在財帛宮，此人就會比較痛苦了，因為太愛財，又不甘願被別人分財會減少財而痛苦，倘若身宮是落在遷移宮，此人就會比較笨，愛東跑西跑，像無頭蒼蠅，這是因為思想、觀念不正確而走錯了路，認錯了方向而財少，他的痛苦是方向不明而已，反而並不會太難過財少了。真正難過的是有擎羊在財帛宮，而身宮又落財帛宮的人，想賺又賺不到，又愛數錢，看到有人來爭財、分財，很痛苦，而終生不快樂了。

改命方法

有武、羊在財帛宮的改命方法，就是你最好做公務員或薪水階級，不要做生意，因為太多人分財，錢財容易不順利。做公務員的人就最好具有『陽梁昌祿』格。事實上，具有『陽梁昌祿』格的人，也最容易走上公務員的道路。沒有『陽梁昌祿』格的人則會做一般的上班族，在公司、行號上班。

因為擎羊在財帛宮，就是在『命、財、官』一組三合的宮位中了，會影響到其人的聰明智慧，有時候，想得太多，也會偏離了人生尋財的方向。本身就是財少，又找不到正確的方向，自然辛苦。有武曲、擎羊在財帛宮的人，會是乙年生的人或辛年生的人。乙年生的人有太陰化忌，又少了一個助財的財星。辛年生的人，有文昌化忌，計算能力也不好，所以這兩種狀況都是對財運不佳的影響。因此你只能用最笨的方法，少賺一點，但一定要儲財、存錢，不論賺多、賺少，都要存下一點，按月累積，將來也可以積蓄致富。你可能會做花勞力比較多的工作。不要嫌棄它，持之以恆，自然能升職，有進展的。當煩惱和覺得運氣不佳時，也宜以運動來化解精神上的刑剋。因為你的疾厄宮有祿存，你年幼多病，長大後還不錯，但也容易有感冒、傷風之疾，要多保重身體，身體好，財才會多，否則多住醫院、多往醫院跑，既耗財，又不進財，就是兩失的狀況了。平順過日子與辛苦努力積蓄，就是你改命、改運的方法了。

武曲、擎羊在遷移宮的『刑財』格局

當武曲、擎羊在遷移宮時，你是貪狼坐命辰、戌宮的人。其實這時候擎羊不但在你的遷移宮中刑財，因對沖的關係，事實上也刑運。你周遭的環境就是一個對財競爭激烈，爭鬥性很強的環境。例如說你可能會從事政治性爭鬥的工作，或做軍警業。經常是智慮煩憂，無法停歇，喜歡用腦，不喜歡外出，喜歡待在家中，但又不得不外出拼命打拼的人。因為你命宮中這顆貪狼星本身就是動感很強，很迅速，機運很強，必須動起來才有好運的一顆星。你對好運的敏感力很強，但周遭和外界的小人多，來爭財、劫財，讓你很頭痛。這時候，你的官祿宮是七殺、陀羅。官祿宮是顯現人智慧、才智的宮位。

有七殺和陷落的陀羅，自然是個只知死拼，不愛用大腦想方法的做事方式，如此只適合做簡單明瞭的工作和競爭，只有做軍警業最好了。做文職就不太理想，賺錢也會少了。

還移宮有擎羊，外出最要注意有傷災，其人在小時候頭臉也必有破相。況且有武、羊在還移宮，武曲五行屬金，擎羊也屬金，最容易發生車禍的傷災，要特別小心才好。

還移宮有擎羊，也會直接影響到其人心境上的煩惱，以至於財減少了。因此**改命、改運的方法**，也是要少煩惱，多運動，多曬太陽，注意提高睡眠品質，保持心靈的平靜。常出去走走，機緣就會多。雖環境中多爭鬥，也要耐心與之周旋，不要隨便放棄。減少傷災的次數，也會使財順利一些。

武曲、擎羊在官祿宮的『刑財』格局

當武曲、擎羊在官祿宮時，你是廉相坐命的人。你會在工作上多遇競爭對手來爭財、奪財。你也可能會做與政治有關的工作。不過呢，你的官祿宮是刑財的格局，你雖用盡心機在工作上，仍還比不過別人，有敗下陣來的可能。而且在工作上得財會較少，因為你的福德宮有七殺、陀羅，在你本性中只知死拼，有點笨的，很可能使力的方向有偏差，或使力的力道不足，以致於得財稍減。不過你的財帛宮是紫府，一切財運仍可平順。因為這種財運只是小規模、小格局的財運，靠努力，悶著頭去做，也可平順。

當武曲、擎羊在官祿宮時，擎羊也會沖剋到夫妻宮，所以婚姻也會不佳，有離婚現象，或配偶早逝。在人生中，你會經過無數的風浪。

改命方法

雖然你的財帛宮是紫府，似乎錢財順利，也不可做投資、做生意。因為賺錢仍是屬於工作的範圍，官祿宮有刑財格局的人，仍是不可大意的。如果你執意要投資股票，或做生意，在流年好的時候，小進了一些財，但流年不好，則會大虧本。把原先得到的一丁點的利潤，傾巢賠出，還會欠債。你在工作上不順利，精神上也鬱鬱寡歡，心中很悶，像陀螺一樣轉個不停，又轉不出來。你又不接受別人的意見和關懷，喜歡自苦，所以你的問題應該是源自於你福德宮的陀羅和七殺所共同造成的問題，只要減少陀羅對你的影響力，你就會有智慧克服擎羊帶給你工作上的競爭和爭鬥了。

要怎麼樣改善陀羅對你精神、思想上所造成的苦悶和遲鈍呢？最好的方法，便是遇到事情，讓你不開心或煩悶之時，便立即轉換環境。這麼說並不是叫你換工作來轉換環境。而是讓你遇事不順時，便出去走走，跑兩圈，先暫時遠離一下原先煩悶的事情或人。暫時不要想它，調整一下心情。跑步能使你血液循環加速，精神會比較好，運氣也會轉變。

事實上，每個人在前十分鐘和後十分鐘的運氣就有差別了。前一刻鐘不愉快的事，很可能後一刻鐘便變成了可溝通、可協調的事，因此暫時轉換環境和等待好運時間的轉換是非常重要的。

第二種方法就是要慎選你的職業。官祿宮有武曲、擎羊的人，最適合做軍警業、政治方面的事務、金融機構的職員，也可能會做股票營業員，執行拍賣房子的法務人員，寺廟管事，救難人員，或與刀器有關的行業，但要注意的是做政治或金融機構、股票營業員時，你很可能升遷機會不太大。做股票營業員時，業績也不算好。這一點你是必須心理有準備的。要是做與刀器有關，或在金屬軋斷的工廠工作，工作會平順，會是一步一步、一板一眼的工作。

有武曲、擎羊在官祿宮、財帛宮都是紫府，表示你對錢財的敏感力並不是很強，你是靠有平順的薪資儲存起來而讓財運平順好過的。倘若財、福二宮又有地劫、天空在寅、申宮相照，那你可能連儲蓄存錢的能力都沒有了，財來財去，也只是衣食溫飽而已了。

武曲、擎羊在福德宮的『刑財』格局

若有武曲、擎羊在福德宮時，其人的命宮定是七殺、陀羅。表示你是個慢性子，但又會性急，很喜歡打拚，很勞心勞力，但容易把事情擺在心中纏繞，怎麼想也想不通。

福德宮有武曲、擎羊，表示財的來源不好，你對財的敏感力並不強。因為武曲仍在廟位，並不是會很窮，相反的你還有一些財，但容易耗財花掉，存不住。福德宮有武、羊的刑財，是留不住，財會減少的刑財。問題也出在你本人的思想層面，因為你腦筋很頑固，不知變通，例如你以前曾用什麼方法賺到錢，你就會一直延用那個方法去賺錢，也不管是不是時過境遷的問題。有時候年頭不一樣，地方、地區不一樣，很多生意或工作都做不起來。在存錢方面也是一樣，你一直想存錢，但是你會想等到有了大錢再來存錢，所以一直沒存錢，以至於後來日子愈來愈苦，根本沒有留存的錢可濟急。

有武曲、擎羊在福德宮的人，頭腦很頑固，只要看看命盤中還有那些宮位不好？或是看看其他煞星的組合，就立即能找出此人刑財的真正原因是什麼了。

例如有一位朋友的命格是七殺、陀羅在寅宮，**福德宮正是『武曲、擎羊』這個格局**。此人出生時家境就富裕，從未為錢財煩惱，只是這兩年覺得『有財沒庫』，以前賺的錢都耗光了，總是存不住，於是來算命，想瞭解一下自己的人生。

某先生之命盤

田宅宮 太陽 辛巳	官祿宮 破軍 台輔 壬午	僕役宮 天機化祿 癸未	遷移宮 紫微化科 天府 天鉞 天馬 甲申
福德宮 武曲 擎羊 文曲 左輔 庚辰	陰男 土五局		疾厄宮 太陰化忌 火星 乙酉
父母宮 天同 祿存 己卯	乙未 戊寅 乙未 丙子		財帛宮 貪狼 鈴星 文昌 右弼 丙戌
命宮 七殺 陀羅 〈身〉 戊寅	兄弟宮 天梁化權 己丑	夫妻宮 廉貞 天相 天魁 戊子	子女宮 巨門 天空 地劫 丁亥

這位朋友福德宮有武曲、擎羊、文曲、左輔等星。命宮有七殺、陀羅。表示這位朋友有超頑固的思想、自以為是的觀念而讓他『刑財』。因為武曲是在廟位的，擎羊也居廟位，故此人的『刑財』格局，仍是十分有錢富足，只是存不住而已。其人的財帛宮是貪狼、鈴星、文昌、右弼。這是『鈴貪格』暴發運的財運方式。此人的錢財是大進大出的形式，而且每逢狗年便大暴發財運。在五十一歲時有平生最大一次的暴發運。有文昌、文曲分別在財、福二宮，表示其人賺錢賺得漂亮，但也有些對錢財方面糊塗的現象。有右弼在財帛宮，表示有女性貴人幫助賺錢。有左輔在福德宮，是助善也助惡的，表示有男性貴人幫忙賺錢，也幫忙耗財。此位朋友的遷移宮是紫微化科、天府、天鉞、天馬，官祿宮是破軍、台輔，做的是酒店的生意。酒店自然是裝璜得富麗堂皇，做得是政商名流的生意，常常又是三教九流都有的人在出入，因此很符合其人的命格。酒店中亦有女子幫忙賺錢，也會養一些兄弟照顧場面，進財、耗財都有。

我們從命盤上看到此人的疾厄宮是太陰化忌、火星。此人的子女宮是巨門、天空、地劫。問題一下豁然開朗了，原本此人的『刑財』是源自於無子。無子的原因是因為身體不佳，下半身陰寒，有腎病、腎虧的毛病。而他自己好喝酒，身體喝壞了，又很頑固的說不喜歡小孩嫌麻煩，而堅持不生小孩。

子女宮是與田宅宮相照、相沖的。他的田宅宮是太陽居旺，表示有祖產、家財豐富，但有子女宮的天空、地劫和巨門一沖，便無法留存了。在人的命格中，要有進有出，要通透，要形成一個可循環的系統，要有傳承，這樣才會是好的命格，財才會通順。譬如說：父母將家財傳給我們，我們再傳下去給子孫、代代相傳，才有圓融的生命。倘若中間斷掉，循環的傳承便不順暢，我們先天和後天所得到的財也會不順暢、有阻礙了，況且子女宮也代表人的才華，有天空、地劫，表示才華空空，有巨門同宮表示因是非、災禍等因素有不好的想法讓其人頭腦空空，才華空空，而影響家財。實際上，它才是使其人財庫成空的主因。（田宅宮為人之財庫）

此人從八字上來看也顯示出此人的問題出來。其八字是乙未、戊寅、乙未、丙子。日主乙木生於寅月（正月），猶有寒氣，乙木又是柔弱的花卉，取用神不離丙癸。丙為太陽、癸為雨露。丙癸都有，皆在天干上的人，會主貴。四柱丙多而無癸的人，為粗俗而富有的人。此人有丙火出干，支上寅中亦有丙火，時支子中有癸水，但子未相沖，沖去癸水，也變得無癸了。沒有癸水就會腎虧、無子。（八字部份請參考法雲居士所著『如何選取喜用神』一書）

這位朋友的夫妻宮是廉相，表示其配偶是乖巧、話少，很順從的人，而且可幫助其人，故原因不在配偶身上。事實上其配偶還可以為其人理財，但這位朋友是大男人主義，放著好助手不用，一昧的的固執，所有的行徑與天命違背，與自己的命格逆道而行，怎麼能存得住錢而致富呢？雖然此人的子女宮是巨門、天空、地劫，很可能是生不出小孩來的，但是為堵上財庫的漏洞，我還是勸他生一個，或領養一個小孩，把家中維護的像一個家。財庫保護好了，錢財才留得住。

此人的遷移宮是紫微化科，天府、天鉞、天馬，他一天到晚不喜回家，愛在外奔波，喝酒，遊蕩。疾厄宮有太陰化忌，也代表是喝酒引起的病弱。

所以他的家只是個空殼子。老婆雖很乖，待在家中，是獨守空閨，這些都是此人的頑固愚頓所造成的。

聽了我的分析，此人決定多花一些時間在家中，好築造、修護他的財庫。

由一個人的命盤中，我們很容易的便可看出此人的問題在那裡，漏財、刑財的問題、財庫的漏洞在那個方位？什麼原因？也很容易抓得出來，所以只要針對問題對症下藥，就可解決，往往『刑財』的問題就是你人生中最隱晦的事，也就是你的致命傷。只要看你願不願意解決而已。能解決，『刑財』的問題就迎刃而解了。

不過我再談到一個問題，在我論命時常發現命宮、夫妻宮、福德宮中有陀羅星的人，常把一些事情藏在心中，尤其是愛把自己的缺點隱藏起來，自以為別人不瞭解他，或不瞭解事情的原由，容易自憐自艾，但面對別人時又故做無事狀，或用別的方法掩蓋之。其實，誰不瞭解呀？！大家都心知肚明他的問題所在，只是不願戳破而已，也只有他自己個人在製造假象而已。所以我們常常在論命時，說命宮有陀羅星的人很笨，就是這個原因了。他把一些擔心的事，或一些自己的缺點藏在心中，以為不能解決了，最好埋葬它。其實只要說出來，周圍有許多熱切、關心他的眼光，急著想幫助他，可是他會礙於面子或一些微不足道的原因，就是不願別人幫忙他，以為別人的幫助就是在管他。這個觀念是非常錯誤的。這也會造成其人常常做笨事，又愈陷愈深，根本無法更進一步的成長，這是性格的不成熟所導致的問題。

武曲、陀羅的刑財格局

武曲、陀羅在命宮的『刑財』格局

有武曲、陀羅在命宮時，其人長相身材會矮壯，頭顱圓圓的。在他的福德宮中會有破軍、擎羊。這種命格的人的刑財，是財慢進，拖拖拉拉的、不順。而且錢財上多是非、糾紛或災禍。倘若命宮再有武曲化忌、陀羅的人，其人較瘦型，更是災禍、是非多，而且都是發生在錢財上，且還必須是要用錢財來解決的，就是真正的耗財了。你看福德宮又有破軍、擎羊，真是天生的勞碌、虛耗，享不到福了。其人本身的身體也會不好，多傷災，人生不順利。

前面說過，有陀羅在命宮的人，思想方式是和別人不一樣的，有事常在心中打轉，轉不出來。做事拖拖拉拉，這當然不利進財，而福德宮有擎羊時，有精神上的痛苦折磨。而破軍又是和擎羊同宮在福德宮的狀況，是勞碌、破耗（財和血光兼而有之的破耗）。精神耗弱、神經質俱全的狀況，是內心十分辛苦的。這種命理格局的人，還要看看命格中其他的宮位如何？要尋找出最差的宮位來，就知道問題出在那裡了。倘若最差的宮位就在命、福二宮，那你的問題就出自於你自己身上了，是你自己思想上的問題要改善。你要學會控制自己的情緒，保持心境的平和、愉快。不要用太多的腦筋去想一些尚未發生的事情，寧可承認自己笨一點，少用腦子，反而可得到平順享福的日子。因為想太多只是刑剋自己，使自己更不順，是非更多。愈怕愈有是非，終日惶惶不寧，災禍更多。

改命方法

遇到心情不好，有是非產生時，常想到忍耐一下過了那個時間，運氣就會轉換，就會變好了，所以控制時間對你也很要緊。其次變換環境對你也有益。煩悶時常外出走走，散散步，暫且變換空間，讓你的情緒舒解一下。常此以往的訓練自己，控制自己的情緒。另外也找一、兩個好朋友可訴訴心事，自然就能化解刑剋自己的劫難了。事實上，你的財帛宮是廉相，小心一點仍能財運順利，平安享福。因為你命宮的武曲財星是居廟的，陀羅也是居廟位的，是故還是有一些大財，只是有一部份被刑財、拖拉而已，只要把心情、心態調整好，你整個的命運就會順利得多了。這就是真正的改命了。

武曲、陀羅在夫妻宮的『刑財』格局

當武曲、陀羅在夫妻宮時，你的命宮是破軍、擎羊，表示你心態上就很小氣吝嗇、計較、且是個破耗多，有智謀、陰險的人。倘若你是壬年生的人，夫妻宮還有武曲化忌、陀羅存在。這表示你在心態上是處心積慮的用心，自以為是在爭取自己的利益，實際上卻是儘做一些跟財過不去，與財背道而馳的事情。你有顢頇自大、非常頑固、又喜歡製造是非，形成一種斷絕外緣機會，不願與人溝通的心態。所以財總是在你身旁擦身而過。你若想賺一點錢，也總是多惹是非、災禍。也可以說你是愛做一些與金錢糾紛有關的行業。例如討債公司，或地下錢莊、汽車貸款、當鋪之類的工作或生意。你的性格凶悍、多疑，喜歡報仇，工作性質多半與黑道和軍警有關。不是做軍警，就是做黑道了。你要小心一生中多傷災，也會有惡死的現象。**要改命的方法**就是有放下屠刀、立地成佛了。接近宗教，做修士或沙彌，超渡眾生是最好的方法。你主要是內心的窮困所造成的刑財。雖然你不一定真的很窮，但心智上很憂愁、煩惱，能解救你的只有宗教一途了。

武曲、陀羅在財帛宮的『刑財』格局

當武曲、陀羅在財帛宮時，此人的夫妻宮會有破軍、擎羊。此人是紫府坐命的人。你會是丙年或壬年生的人。若是丙年生的人，你的官祿宮會有廉貞化忌、天相，是具有官非、『刑印』的格局，在工作上、職務上會遭到因事犯刑，會打官司和坐牢的狀況。你『刑財』的情形，很可能是因工作上的智慧不足，你的心態不好，也可能遭人陷害而有官非、入獄的情事，工作上不順利而賺錢進財也不順利了，不過你的『武貪格』暴發運還是會發，只不過會慢一點，或暴發得小一點。在辰、戌年會暴發，以戌年暴發較大。如果有火、鈴進入戌宮，那戌年暴發的錢財足夠你用一輪十二年的了。

壬年生的人，你的命宮有紫微化權、天府。財帛宮是武曲化忌、陀羅。夫妻宮是破軍、擎羊。很明顯的是你進財和用錢方面技巧都不好，會有是非、災禍產生。而你天生有好命能來化解危機。所以你做公務員，薪水階級，不要管錢，會比較少麻煩。只要你的命、遷、子、田四宮不要有地劫、天空出現，一生還能有些積蓄、房地產。倘若你在命宮、遷移宮、子女宮、田宅宮有天空、地劫出現（為子、午、卯、酉時生的人），那你一生就是財來財去，有財沒庫。刑財真是刑的徹底。有紫微化權在命宮，使你有權勢、地位，但兩袖清風，只能使你能度過重重的財運難關而已，真的一輩子沒錢、沒積蓄了。

改命的方法

丙年生有武曲、陀羅在財帛宮的人要改命，就要注意你的心態問題，不要太計較、陰險、愛貪便宜、愛收賄賂，也要小心引發官非。更要慎選配偶，以防配偶對你造成的傷害，會造成你永恆慘痛的經驗，小心謹慎、正正派派的過日子，就是最好改命的方法。

壬年生的人有武曲化忌、陀羅在財帛宮的人要改命，也要注意你自己的心態問題。你常會用曲折的、是非的心態來看待進財的事，這是非常不好的，這是搬石頭砸自己的腳，一切都是自找的，錢財不順是你在理財和處理錢財上有瑕疵，讓人有口實，找你麻煩，故你一生都很勞累在努力擺平金錢困擾。

另一方面在選擇配偶時，更要注意，否則害你的人，正是你的配偶。

武曲、陀羅在遷移宮的『刑財』格局

當武曲、陀羅在遷移宮時，你的財帛宮是破軍、擎羊。此人是貪狼坐命辰、戌宮的人，這表示你的環境中就是錢財拖拖拉拉，進得很慢，你對錢財的敏感力很遲鈍、智慧不高，而且破耗、花錢花得凶，根本不會理財，賺錢辛苦又少，入不敷出。而且財帛宮的擎羊也會和福德宮的廉相沖照，形成『刑囚夾印』的格局，自然在你的人生中命運是比較波折的。雖然在你本命中在辰、戌年還是有『武貪格』暴發運的，但很快就會暴落，錢財流失很快。倘若你是戊年生的有貪狼化祿坐命戌宮的人，你會有較大一點的暴發運，而且在戌年所暴發的錢財較大。你也會比較油滑、人緣好、機會多一點，不過你可能會賺不法的錢財。走到午、未年就要遭災了。

丙年生的貪狼坐命者，遷移宮有武曲、陀羅時，其人的福德宮有廉貞化忌、天相。『刑囚夾印』帶化忌在福德宮，表示頭腦不清，在子、午、未年都可能有官非、禍事、獄災產生。心情也容易鬱悶，命運坎坷。

壬年生的貪狼坐命者，遷移宮有武曲化忌、陀羅，財帛宮是破軍、擎羊。此人一生錢財不順，多惹是非，容易入黑道，賺不法的錢，天生的環境就不好。此人沒有暴發運，一生財運起伏，沒錢。

改命方法

還移宮有武曲、陀羅的貪狼坐命者，一定是不會理財，在賺錢方面多爭鬥、賺錢辛苦的型態。在貪狼坐命者命格中最好的宮位就是夫妻宮是紫府，表示配偶是他超級大財庫。所以在遷移宮和財帛宮都不好的情況下，最能解救他們的，就是他的配偶了。只要配偶找的好，找到是財星坐命或是會理財的人，就能幫助他走向平順幸福的人生。在這個命格中最怕是生於卯時、酉時的人，會有地劫、天空在其人的夫妻宮和官祿宮相對照，那此人就根本不想結婚，也結不成婚，一生就起起伏伏，常過困窘的日子了。

武曲、陀羅在官祿宮的『刑財』格局

當武曲、陀羅在官祿宮時，你是廉相坐命的人。會有破軍、擎羊在你的遷移宮中。表示你外在的環境是凶險、爭鬥激烈的環境。擎羊會沖剋印星，基本上也是『刑囚夾印』的格局。你會更膽小怕事，懦弱沒有擔當。而且有傷災、多次開刀的問題。

會有武曲、陀羅在官祿宮的人，只有三種年份生的人，一種是生於丙年，一種是生於戊年，一種是生於壬年。

生於丙年的人，會有廉貞化忌、天相在命宮，對宮遷移宮中又有破軍、擎羊，所以你會有傷殘現象，可能是兔唇、唇顎裂，須經由無數次的手術修補。雖然你的財帛宮是紫府，但你也只有一般小康的財運。『刑財』的問題是直接刑剋到你的身體、思想、頭腦清不清楚等問題。所幸你有好的父母可終生照顧你，讓你一生除了身體上的傷災開刀之外，大致還順利。

此種命格的改命法，因已出生，天生的缺憾已造成，只能順其自然，做修補、開刀的工作。做父母的人，平心靜氣一點，此人有暴發運，在辰、戌年會暴發，父母可算好流年、流月、流日，讓此人去買彩券、股票，可有異外偏財運。

※出生在丙年的人，特別要注意丙年有廉貞化忌的問題，不可還有廉貞化忌在命宮的命格，尤其不可有擎羊同宮或在對宮相照，定有傷殘。這是為人父母特別要注意的事。不過，此子仍有他自己的財，除了身體上的痛苦之外，仍會活得很好的。

戊年生，有武曲、陀羅在官祿宮時，你仍是廉相坐命的人，疾厄宮有天機化忌。財帛宮是紫府，子女宮有太陰化權，夫妻宮是貪狼化祿，表示你十分聰明，計算能力還不錯，喜歡存錢。你最好的工作是在軍警業中做管理財務的工作。在一般銀行上班也行，會升級稍慢。你若做與政治、法律有關的工作，會稍有阻礙，不會特別順利。你很喜歡賺錢，手邊錢財順利，但升職較緩慢、困難。因為你的遷移宮有破軍、擎羊，環境中是陰險爭鬥多的地方，而且你又有『刑印』的格局，很難掌握大權，故升官較辛苦。並且你一生多傷災、開刀。『刑財』的問題也在你身體上展現。你的身體非常不好，會有肝腎衰竭的問題，要生小孩還要趁早，晚婚會有問題。

壬年生有武曲、陀羅在官祿宮時，實際上是有武曲化忌、陀羅同在官祿宮，你仍是廉相坐命的人。而你的財帛宮是紫微化權、天府。所以你喜歡管錢，在錢財上又有主控權，可是在工作上一定有金錢上的是非糾纏不斷。你適合做討債的人員。目前銀行和信用卡公司也有這種討債的人員，你就可以去做了。否則你會做地下錢莊的會計人員，因為你的遷移宮仍有破軍、擎羊，故你仍要小心傷災、開刀等事，也要小心被槍殺、惡死。你沒有偏財運。

改命方法

這幾種命格有武曲、陀羅在官祿宮，也會有破軍、擎羊在遷移宮，都容易惡死。倘若頭腦清楚一點，不要太愛賺錢，只要過平順、平凡的生活，有一般的收入就可以的話，只要不太貪財，小心過日子，逆來順受，命運就不會太差，少與是非接觸，就不容易惡死了。

武曲、陀羅在福德宮的『刑財』格局

當武曲、陀羅在福德宮時，你是七殺坐命寅、申宮的人，你的官祿宮有破軍、擎羊。而你的遷移宮是紫府，財帛宮是貪狼。你出生時的生活環境很高，比一般人好，家境較富有。在錢財上你也有許多好運，但是你在工作上的環境差，爭鬥激烈，適合做軍警業，你的工作能力不太強，因為官祿宮的破軍、擎羊直接刑剋到夫妻宮的廉相，為『刑印』格局，故你無法掌權，升官會有問題，一生的成就較差。

生於丙年的人，你的夫妻宮有廉貞化忌、天相，所以是你內心思想上的糾葛所導致的『刑財』問題，你的事業運很差，你在錢財上雖然機運不錯，但你對錢財的敏感力差，不太會賺錢，故財少。只要平順過日子，在午、未年小心一點，不要發生傷災、車禍等事，你的一生是很平順自在的。

生於戊年的人，你的僕役宮有天機陷落化忌，官祿宮仍是破軍、擎羊，而財帛宮有貪狼化祿，福德宮是武曲、陀羅。此人的財運稍好，偏財運較多，機緣好，但工作上仍是不佳的狀態。而且朋友運不佳，小心在午、未年，被朋友綁架傷害。『刑財』格局在財的方面是不嚴重的。但也要小心流年不好的問題。

改運方法

就是注意交友狀況。

生於壬年的人，福德宮就有武曲化忌、陀羅，表示你本命中就和財的緣份不好。腦子中對錢算不清楚，有是非、混亂的情形。你的官祿宮仍是破軍、擎羊，工作不力，多爭鬥，讓你有挫折感。但你的遷移宮中有紫微化權、天府，表示你一生都會在富有、高地位的環境中掌握財富、管錢。也可使一切平順，而享福。你的配偶就是個既聽話、乖巧，又能幫你理財的好幫手了，你沒有偏財運。你很可能會做酒店或與黑社會有關的行業。否則做情報員，也會在高尚、富有、豪華的地方來工作。要小心午、未年帶來殺機。

改命的方法

就是不要做危險的工作，守著家產過活，就可過得很好了。不可做投資，否則破耗很快，很嚴重。

※凡命格中有武曲、陀羅時，就會有破軍、擎羊出現，要看這兩組星曜是在那兩個宮位。有破軍、擎羊在遷移宮時，其人的出生環境是比較窮困或有父母不全的現象的。有破軍、擎羊在財帛宮，必是武曲、陀羅在遷移宮內，表示你不會賺錢，卻很會花錢，環境中的財又少，你多半是靠人過日子，配偶就是你最佳的支撐力量了。早點結婚就會享福。武、陀在福德宮，必是官祿宮有破軍、擎羊，做危險、與血光、凶災有關的工作是可以賺到辛苦錢的，可是也要小心，以防工作上帶來傷災而傷殘。

其實這些問題都能改命的，只要弄清楚癥結問題，有傷災的人就勤算流年、流月，在有傷災的月份，日子不外出，躲過那個時刻，（例如破軍、擎羊在午宮，就是中午十一時至下午一時有傷災的危險。例如破軍、擎羊在子宮，就是晚上十一時至凌晨一時有傷災的危險。算流時也非常靈驗，請讀者切記！）就能平安，減少身體上的傷害和麻煩。

武曲和火星、鈴星的『刑財』格局

因武曲和火星同宮或武曲和鈴星同宮的刑財，在命宮時只是會造成其人的性格古怪，耗財多一點。但因與對宮的貪狼，又形成『火貪』或『鈴貪』格，為雙重暴發運格，不過在貪狼所屬的宮位年份暴發力較大，在武曲、火星或武曲、鈴星所在的宮位年份暴發較小，且仍有刑財、耗財的跡象，因此要分清楚。武曲和火星的刑財，及武曲和鈴星的刑財，是財來財去很快速，倒是對人無大礙，故在此簡略不談。

武曲和地劫、天空的刑財格局

當武曲在辰宮遇地劫星或天空星時，必是生於巳時、未時的人。當武曲在戌宮遇天空星或是地劫星時，必是生於丑時或亥時的人。

只要命宮有武曲和一個天空、或是一個地劫同宮，則另一個地劫星或天空星必然在福德宮中。這就表示了你們思想清高，形成空劫，造成你天生的福份中也失去擁有財的能力。如此命格的人，並不是說你會多窮，像乞丐一般，而是你天生守不住財，存不住錢，財庫有漏洞。況且你的田宅宮是天機陷落，更印證了你是『有財沒庫』的人。**你要如何改命呢？**第一種就是乾脆多做慈善事業，多造福田，有錢時把錢常捐出去，多做別人的貴人、善人。錢財是活的，流通性的東西，有出才有進，如此循環，就生生不息了。我想在你的心境中也會有如此清高的想法的。第二種就是把錢財存在家人的名下，找一個田宅宮（財庫）好的家人，如父母、配偶、子女，用他們的名字開帳戶或買房地產，較可留存。

武曲和地劫、天空在夫妻宮的『刑財』格局

當武曲地劫在夫妻宮時，你是破軍、天空坐命的人。當武曲、天空在夫妻宮時，你是破軍、地劫坐命的人。你的內心是與財有距離的。你會花錢多，

不當錢做一回事。你一生有自己的快樂，不一定會結婚，結婚時也會找到一個財少或無財的人做配偶。你根本不計較錢財，只是在拮据窮困一點時，才想到為什麼錢不多一點呢？你一生愛享福，只求衣食之祿，競爭力和努力都不強，所以能平安過日子就好了。**你不需要改命**，只要用你的方法過生活就好了。因為人的思想很難改變，你若是能結婚就是你人生最大的改變了，人生也能圓融一點。

武曲、地劫和武曲、天空在財帛宮的『刑財』格局

此命格是紫府坐命的人。當武曲、地劫在財帛宮時，你的夫妻宮是破軍、天空。當武曲、天空在財帛宮時，你的夫妻宮是破軍、地劫。前一種命格是：你心中的破耗與空茫，造成你財運上的被劫財。後一種是你心中的思想是一種劫耗的形式，而造成你在財運上成空。這並不表示你會窮困死了，而是你的錢財不多，只能過一般小市民的生活而已。

此種命格有武曲、天空或地劫同宮在財帛宮的人。因夫妻宮中有破軍和

空劫，就要看你嫁娶到什麼樣的配偶來決定你財祿的存留了。你若沒有配偶，或找到財少、刑財的配偶，或找到天天和你有金錢糾紛、吵鬧的配偶，那也真是應了這個命格，手邊的財會空空，被劫走了，所以這個命格，配偶就是你的冤親債主，要小心擇偶，並侍候好他，以防錢財成空。否則你就順應命運的起伏，離婚或不娶，隨便命運的安排好了。

武曲、地劫和武曲、天空在遷移宮的『刑財』格局

此命格是貪狼坐命辰、戌宮的人。有武曲、地劫在遷移宮時，你必有破軍、天空在財帛宮。有武曲、天空在遷移宮時，你必有破軍、地劫在財帛宮。前一種是你環境中被劫財得厲害，而你本身打拚能力、理財能力空空，以致於耗財多，錢財空空，沒錢。而後一種是你環境中錢財不多，財運成空，而讓你在理財能力上又遭劫財、耗財兩種刑剋。既賺不到什麼錢，還被劫財、耗弱，日子很難過。當你的環境中被劫空入侵時，同時你本身的好運也會被劫空（本命貪狼是好運星）所以你只有辛苦努力的工作，以求生活的平順和

溫飽而已了。不過你的夫妻宮很好，是紫府，早點結婚，找一個像財庫一樣的配偶共同生活，你也會有好日子過。

武曲、地劫和武曲、天空在官祿宮的『刑財』格局

此命格是廉相坐命的人。當武曲、地劫在官祿宮時，你會有破軍、天空在遷移宮。當武曲、天空在官祿宮時，你會有破軍、地劫在遷移宮。你外面的環境就是空劫，唯一的好處就是爭鬥少了，被劫空了，相對的你也沒有奮鬥力和競爭力。你會唯唯諾諾，愚鈍的過一生。你在工作上會有一票沒一票的工作，做不長久，有時候做些沒錢、沒利益的工作，或是做些義工之類的工作。不過你要是做收集廢料、撿破爛的工作，手邊的錢財也會很順利、有財。倘若有文昌在命、財、官、夫、遷、福中，你會是個寒儒型的人。

武曲、地劫和武曲、天空的福德宮的『刑財』格局

此命格是七殺坐命寅、申宮的人。當武曲、地劫在福德宮時，你的官祿宮是破軍、天空。當武曲、天空在福德宮時，你的官祿宮是破軍、地劫。此時你工作上的爭鬥會減少、不見了。但你在工作上的奮鬥力也沒有了，很可能工作不長或不工作。這也是你本身福氣上財被劫走或架空了，思想上根本想不到與財有關的事，也不知道財的方向和如何取財。也就是你缺少對財的敏感力。你想到或要做的事都是想要先投資、先下本錢，但從不知道是否可收得回來，這種想法很危險，讓你常虧錢、耗財。實際上，你只要安安份份做一個薪水族，按月領薪，你的生活就會平順。否則你只有靠別人過日子了。倘若有武曲化忌和地劫或天空同在福德宮，那此人不但本命沒錢，頭腦不清楚，且有金錢上的是非糾纏，很可能會欠債，終其一生浮浮沈沈，終日為金錢煩惱，但並無能力來解決。順應命運的起伏，找到好配偶來幫你就是改命的好方法了。

武曲化忌的刑財格局

凡命格中有武曲化忌，全都是壬年生的人。要看武曲化忌是獨坐，或是和羊、陀、火、鈴、劫空同宮等狀況，再來決定情況的好壞。

若只是武曲化忌獨坐，沒有其他的煞星，則因武曲獨坐仍在廟位，帶化忌，會有金錢上的是非、災禍，但仍是有財的狀況，只是受到是非、災禍刑剋而已。**倘若再有擎羊同宮**，刑財就很嚴重了，會賺不到錢，還會有財務困難、負債、因財被殺等情形。**有武曲化忌和陀羅同宮**，也是因錢財之事有糾紛、災禍、被傷害，有血光的問題。

武曲化忌和火星、鈴星同宮，同樣是因財被劫的格式，會因錢財糾紛被人傷害身體。

武曲化忌和天空或地劫同宮，化忌也會被劫空，是非會少一點，或沒有是非了，但是更沒財了。也許是因為本身被劫空沒財了，所以金錢上的是非也不來了。看起來好像是好事，但沒財也不算好。

武曲化忌在命宮的『刑財』格局

武曲化忌若獨坐在命宮的人，要謹防錢財上多惹是非，你很可能常算錯錢財的數字，做薪水族較好，不要做生意或投資。要小心錢財，容易被偷、被搶，或做事拿不到錢，容易賠錢。凡是一切和金錢沾上邊的事你都要小心謹慎才好，如此才能平安過日子。

有武曲化忌在命宮的人，你往往對金錢有天真的想法，容易受騙，或因一時的貪心而蒙受損失。此種命格的人，就算是好心借錢給別人，也會惹得一身是非，非但別人不還錢，還會倒打一耙，讓自己蒙受損失之後還受氣，這就是他在與人有金錢交往的觀念上是頭腦不清的。而且此命格的人還容易對自己在金錢上所造成錯誤做另一種解釋，這也是頑固、不想認錯，想把自己的受騙做合理化的解釋來安慰自己心靈的做法。

倘若只有武曲化忌單星在命宮，你只是處理錢財事物較多麻煩，有時也會困窘一下。因為武曲是在廟位的，跟隨的化忌相對旺度也會增高，因此人也不會太窮，至少有一般小康的生活素質。只要你有固定收入，便能平順的生活了，有關於錢財上的是非，你就當做是勞碌命多操勞一下便行了。倒不會有太大的問題出現。

武曲化忌、擎羊在命宮的『刑財』格局

武曲化忌與擎羊同在命宮時，這時是真正刑財刑得很凶了，會財少、耗財，且帶是非災禍或血光，要是注意流年、流月逢命宮時，要小心車禍、血光的問題。其人會長相瘦型，因為福德宮有破軍、陀羅，倘若身宮又落命宮或福德宮的話，其人會有背部駝起，稱為『羅鍋』的傷殘現象。此時就要看命格中有沒有『陽梁昌祿』格來解救你了，有這種格局的話，你仍能一步一步的往上爬，經過國家考試或學歷的高升而有一些成就。不過你的一生中多傷災，開刀等狀況，身體不好，一生被疾病所纏繞，生命也比較短。沒有『陽梁昌祿』格的人，就要找出你最好的六親宮，例如父母、兄弟或子女或朋

友來幫助你，他們會帶給你一些順利的生活。

『武曲化忌、陀羅』在命宮的『刑財』格局

有武曲化忌、陀羅在命宮時，福德宮必有破軍、擎羊，是一個操勞不斷、頻頻破財，頭腦非常固執，想法扭曲不通的命格。陀羅也是忌星，主是非。因此這個命格實際上是雙重忌星主導財務不順的命格。財不順的原因，源自於頭腦不清，常做一些和常人不同的、對錢財進出有傷害的事情。或是用一些很笨的方法處理事情後，又遭到是非災禍纏身的麻煩。是搬石頭砸自己的腳，得不償失的思想行為模式。這種命格的人常自以為是、不接受別人的意見，也頑固的要用自己的笨方法去完成事情。有時候唬弄了半天，或拖得很久也做不好，他也不吭聲。等人問起他，他又十分懊惱，也許會惱差成怒。他手邊常拮據，但不願承認，錢財的是非多，掉錢、被騙無奇不有。而且借錢給別人，就是被騙了，很少有要得回來的。此種命格的人要改命使錢財順利一點，是非少一點，似乎很困難，因為除非改思想，重新學習做人處事的

方法，才能真正的改命，但是他們不太可能改的。所以順其自然，辛苦過日子，習慣就好了。

※命、福、天三宮，有羊、陀的人，就是要改掉羊、陀對其人的影響力，就能改命。首先要改想法，用另一種角度來看事情，多觀察別人的處事方法。向別人請教處事順利的方法。還要多運動。心情不好時懂得轉變環境。以上這幾點可幫助命、夫、福有羊、陀的人在人生中改命、改運，生活順利。

武曲化忌和火星、鈴星同在命宮時的『刑財』格局

當武曲化忌和火星或鈴星同在命宮時，你的財運不順，脾氣暴躁、古怪，可能會做黑道，不賺正當的錢財。

有武曲化忌和鈴星同在戌宮坐命的人，會在某些特殊的、奇怪的事情上特別聰明，但是對賺錢方面有自己古怪的想法。他總是覺得自己沒有很富有的原因，是他自己不願去賺，以他的聰明才智，他不可能沒有錢。但是為什麼沒有去賺呢？他也答不出個所以然來。其實擺在眼前，他在錢財上的是非

很多，他欠人家的，或人家欠他的，數不勝數。嚴格的說起來，他是沒有暴發運的。但是逢貪狼運的流年、流月運程時，仍是會有大筆一點的收入，這是貪狼帶來的好運。

倘若是武曲化忌、火星在命宮的人，就不會像『武曲化忌、鈴星』在命宮的人那樣狂妄、自信了，而是急匆匆，脾氣火爆的，吝嗇怪異的忙著在賺錢和處理財務糾紛。他所賺的錢很可能是做黑道的賺錢方式。他的聰明度，也沒有像有鈴星的人那麼好。但他也是橫衝直撞型暴躁的人。他很勞碌但財也不多。在走貪狼運的流年、流月中也多少會有一點稍大的財進。一般他是沒有偏財運的。他的長相是瘦型，中等身材，皮膚和毛髮發紅或偏黃。

『武曲化忌、火星』或『武曲化忌、鈴星』無論在命盤上那一宮，對宮是貪狼，會形成『武貪格』和『火貪格』或『鈴貪格』雙重暴發運格，其中『武貪格』中有武曲化忌而不發了，而火貪格或鈴貪格會發。但又和武曲化忌同宮，故仍有暴發時，或暴發後有是非災禍跟隨和糾纏。

有『武曲化忌、火星』或『武曲化忌、鈴星』在命宮的人，因為做事，思想的速度很快，從不會和人談論自己的事情，有問題也不會向外求援。他們是速戰速決型的。是非很多，處理的很明快，要賠錢就賠錢，毫不猶豫。

你們要**改命的方法**就是要找自己的家人或要好的朋友來做你的軍師和會計，你耗財耗得太快，往往是非曲折還沒有弄清楚，你已賠錢給人家了，這種狀況常常成為凱子，也更讓別人有機可趁。你的人雖然不夠正派，容易在黑道中打滾，有時小氣，有是非時反而大方，也會招引以暴制暴的力量來對付你，因此要小心性命。

武曲化忌和地劫或天空同在命宮的『刑財』格局

有武曲化忌和地劫同在命宮，是雙重劫財。忌星和劫星二度劫財，自然財少，被劫光了。此時其人的福德宮會有破軍、天空，表示先天的福德中就已空茫一片，耗財又漏光了。所以此人是從頭到尾都是沒有財的人。

有武曲化忌和天空同在命宮，是忌星和空星同宮劫財。天空是使財空乏，忌星刑財，使之又有金錢糾紛。這也是沒有錢會欠債又有金錢是非的命格。

其福德宮又有破軍、地劫。本命中的財又被耗弱，劫走了，也是根本無財的狀況。

以上兩種命格是本身沒有財，又遭劫空。在劫空的同時，還帶有是非災禍。故此人會夭折、短命、窮困，養不大。身體有毛病。『沒有財就沒有命』！財是養生蓄命的元素，故能活著的人、生存者，都是命中有財的人。但要看財多、財少，才能定富貴、祥通。

武府、擎羊的『刑財』格局

有武府、擎羊在命盤中時，你一定是丙年或戊年、壬年生的人。丙、戊年生的人，武府、擎羊會在午宮，壬年生的人，會有武曲化忌、天府、擎羊在子宮。

若是武府、羊在命宮，你的夫妻宮會有破軍、陀羅。表示你的心態不太好，是因用盡心機，但會破財、失財的思想模式。故讓你刑財的問題，出自於你內心的想法和情緒智商不佳的緣故。你的配偶是相醜。

倘若武府、羊在夫妻宮，財帛宮就會有破軍、陀羅，（此為貪狼或貪狼化祿坐命寅、申宮的人），亦表示刑財的問題是起自於內心思想的問題，而導致錢財上的破耗和不順。壬年生有武曲化忌、天府、擎羊在夫妻宮的人，問題也起自於內心。

倘若武府、羊在財帛宮，則遷移宮會有破軍、陀羅，（此為丙、戊年所生，紫相坐命戌宮的人）。這表示因環境中的險惡，可能出生時就比較窮困、家庭破敗，而導致其人在處理錢財方面有瑕疵，而刑財。這是可藉由學習，而來改善的。壬年生的人，有武曲化忌、天府、擎羊在財帛宮的人，手邊錢財多財務糾紛，一生財不順，這是處理錢財的方式不好。

倘若武府、羊在遷移宮，會有破軍、陀羅在官祿宮，（此為丙、戊年所生的七殺坐命子、午宮的人。壬年生的人有武曲化忌、天府、擎羊在遷移宮）。這表示其人的頭腦智慧不佳，又頑固，只知蠻幹，在其人的環境中是具有衝突和一些讓其人難受、不好過的爭鬥、刺激的，不過環境中仍是中等以上的富裕環境。你的問題是本身工作上能力不佳，在環境中又有讓你頭痛、會刑剋你的財富的困難等在那裡，所以你會花許多精神去努力克服。因此也比其他人勞苦多一點了。

倘若武府、羊在官祿宮，會有破軍、陀羅在福德宮，你是丙年、戊年、壬年所主的廉貞坐命者。丙年生的人也必有廉貞化忌在命宮，你是頭腦不清，有官非，也會導致你在工作上不力，而有劫財，讓你賺錢少了。戊年生的人，你會有貪狼化祿在遷移宮，你的人緣好，機會較多一點，但官祿宮有武府、羊，工作上依然是競爭激烈，來爭財的人多，福德宮有破軍、陀羅，仍是讓你勞碌，且有傷災、血光的事情常發生。

※凡武曲、天府、擎羊在官祿宮，是工作上、職務上的爭鬥凶險，你會做事較辛苦、艱難，也會做爭鬥性強的工作。在這種官祿宮的形式裡，擎羊對天府（財庫星）的刑剋較重，表示財庫有漏洞、存不住。擎羊對武曲的刑剋是使錢財賺得困難度增高。而且在賺錢方式是具有政治性的爭鬥的。廉貞坐命的人一向愛爭鬥，因此有這樣的官祿宮是正合其人命格的。

壬年生有武曲化忌、天府、擎羊在官祿宮的人，事業上的衝突更大，終日浸沈在是非、爭鬥之中，沒有寧日，事業上也會有起伏。表面上看來似乎是中等以上的官祿、地位，但會因錢財的問題，遭人攻訐而有官非或罷職、離職、中途換工作，這種命格做生意、投資必有大虧損。工作上並不太順利。並且手邊的錢財也常因估計錯誤有澎脹債務的狀況。

改命方法

武府羊在官祿宮，武曲是財星，天府是財庫星，表示工作上、職務上其一個大財庫，但是有破洞，擎羊像一根細長的針一樣，扎在你的工作上，你常在工作中感覺辛苦。同事間爭鬥多，讓你心中如針扎一般難受。在賺錢方面也是表面上看似豐盛、高薪的薪資，但有破耗，或有一些錢拿不到手。爭鬥和賺錢的方面都讓你煩心不已。要改善這種命格中官祿宮所帶給你的煩惱，其實也不難，因為廉貞坐命的人本來就好鬥，你們對工作上的爭鬥已習以為常。你們的財帛宮是紫微、天相。表示無論怎麼鬥，你都會首先掌握錢財的主控權的。也表示你很會賺錢。只要你以賺錢為目的，或善於運用錢財，你就可得到你的官位。廉貞星是官星。因此廉貞坐命者最愛做官、掌權。其實你對官位、權力的喜愛、好爭，是源自於你內心要利用官位、職權賺更多的錢。明瞭這一點，你就不會抱怨工作上的爭鬥、麻煩了。只要努力去拿到你所需要的財祿和官位，實際不必改命，因為你的個性也不可能改變嘛！

有武曲化忌、天府、擎羊在官祿宮的人，有紫微化權、天相在財帛宮。你們在工作職務上的紛擾更多，更麻煩。但是你們更有辦法掌握錢財，更有主控權。只要精算流年、流月、流日，在好運的天數中積極努力，在壞運的時候隱忍，便能平順。在你的命格中如『紫微化權、天相運』、機巨運、貪狼運、廉貞運、天同運都是非常不錯的運程。七殺運、破軍運、天梁陷落運，『武曲化忌、天府、擎羊』運則不佳。另外，有『陽梁昌祿』格的人，會藉由學歷高，容易高陞，成就也會很好的。所以學歷的增高也是改命的方法之一。

當武曲、天府、擎羊在福德宮時，你是破軍、陀羅坐命的人。你會長得矮壯而醜陋，頭顱圓圓的。你的內心常煩悶、糾結，有事想不開。有武府在福德宮，表示先天的福田就是一個大財庫，有擎羊，表示財庫有漏洞。你會很喜歡享福，享受物質生活，福氣也不錯，但是常有一些事物讓你在思想上造成錯誤，影響得財的機會和保留財的能力，有漏財現象。實際上破軍坐命的人，是耗星坐命自然耗財較嚴重。又有羊、陀在命、福之中，做事拖拖拉拉、耗財很凶、自私、愛自己享福，自然是消耗自己的財福了。所以此命格的人，最大的問題就是要擺脫羊、陀對你的影響力。

有陀羅在命宮的人，會非常固執、想不開，在外人的眼中是屬於比較笨的人。而擎羊在福德宮，又讓其人精神上更是痛苦，像有一根針扎在頭腦中，容易精神耗弱。藝人蔡頭即是此命格的人，也容易得憂鬱症。這樣也會影響你得財，儲財的能力。要改命，就要改你自己的思想，多運動。有煩惱時就用運動來舒解。羊、陀是可用身體的勞累、勞碌來化解的。因此運動對你有力。血液循環能助你身體強健。有健康的身體的人，運氣就會旺，煩惱自然少了。縱使有煩惱，運氣好的時候，特別聰明，也能立刻想出好辦法來化解麻煩、糾紛。

『武貪、擎羊』和『武貪、陀羅』的刑財格局

武貪、擎羊在命宮的『刑財』格局

當武貪、擎羊在命宮時，你的夫妻宮是天府、陀羅。在你的命宮中有武曲財星、貪狼好運星、擎羊刑星。這是財和運並刑的命格。此命格適合做武職，有強烈爭鬥性的工作，會讓其人在財運方面的刑剋減低。自然在財運方面也只是中等左右的財富了。另一方面，有天府、陀羅在夫妻宮，同時也表示在你的內心有一個財庫，但是有陀羅，所以在你內心的財庫是進財比較慢的，儲財稍有耗弱的狀況。況且天府只在得地剛合格之位。此財庫並不大，不滿，只有標準財庫的六成左右，而且還沒裝得很滿。

所以嚴格說起來，有武貪、羊在命宮的人，刑財又刑運，並且影響到他財庫的大小與充實。這麼樣一個命格，其真正的問題還是在於其內心思想上

的問題所造成的刑財不順。有擎羊在命宮的人愛計較、愛多想，性剛果決，情緒敏感，有權謀、陰險的一面，容易感情用事，固執、不接受別人的意見。武貪本是強悍的命格，再加上擎羊，就容易更剛暴、好爭、不願吃虧、有報復心態。在其人內心中又是不服輸，多是非，心境不清靜，有感情糾纏、精神不開朗的狀況。所以整個說起來是自己思想上和精神狀態上的問題，所導致的刑財。要改命，也是要改善羊、陀對自己的影響才行。用勞碌和運動來對付羊、陀是最好的辦法，在心理上不平衡的時候就跑跑步，運動一下，變換環境，使心情平靜也會很有效。只要羊、陀發揮的力量小一點，你的財，就會留存多一點。

武曲化忌、貪狼同在命宮時的『刑財』格局

有武曲化忌、貪狼同在命宮時，你是壬年所生的人，你的官祿宮會有紫微化權、七殺。你是頭腦不清楚，在錢財上的是非糾結所引起的刑財，但你的好運星貪狼沒被刑到，因此你的運氣還是很旺的，你會在事業上、工作上

掌權，有高地位，而且努力打拚。適合做政治方面、軍警方面的工作。就算是做一般文職，也會做得好。但最好不要做管錢、做生意等工作和投資。不然所賺的錢財，會常有是非、糾紛發生。你的財帛宮是廉破，尤其要把錢財存到可信賴的人的名下，以防有是非、耗財，留不住等現象發生。你沒有暴發運。

武貪、羊在夫妻宮時的『刑財』格局

當武貪、擎羊在夫妻宮時，你是天相陷落坐命的人。你的財帛宮是天府、陀羅。表示你的內心是強悍、好爭的想賺錢。但所用的方法不好，所以財不多，而且財有耗損、存不住。實際上天相陷落坐命的人，環境原本不好（還移宮是廉破），本身的聰明度也不佳，有點笨。福星陷落也無福。在內心中又有刑財的格局。在其人的思想層面是愛賺錢，又愛爭鬥，與錢財有段距離。所以真正在得財，進財時，就會拖拖拉拉進不了財或有嚴重耗財的現象。財帛宮有天府財庫星當然好了。但天府只在得地合格的位置，又有陷落的陀羅同宮，財庫有了漏洞就會漏財，財不多了。

改命方法就是：就是一定要有固定的工作，有按時發放的薪資，無論男女，只要有工作，有薪資便會生活平順。你的環境中多險惡。

有武貪、擎羊在夫妻宮的人所擁有的配偶是強悍的，有智謀的，以配偶做軍警業，夫妻間較和順。倘若配偶是做文職或做生意，則配偶的生意做得不大，文職者工作上也會不太順利。並且夫妻間的感情也不順利，這也會造成這個天相坐命卯、酉宮的人，手中可用的財不多，真應了『天府、陀羅』在財帛宮的景況了。

有武曲化忌、貪狼、擎羊在夫妻宮時，此人會找到一個不太會賺錢，對錢財不在乎，在金錢上有是非麻煩的配偶。這個配偶也常會欠債，有債務糾紛讓此人擔心煩惱或痛苦。同時此人自己在計算、打理錢財方面也是能力不好。夫妻間也常會因為金錢的問題，關係緊張、感情不佳。但吃虧的總是天相坐命的人，他會替配偶背債。所以有這兩種夫妻宮的人，都要慎選配偶。不過呢？夫妻宮有武曲化忌、貪狼、擎羊的人，因自己本身思想上很天真，起初並不在乎配偶有沒有錢，或是以為彼此大家都是不富裕的人，反而可以有相依為命的感覺，十分親密。但是等到長期的婚姻生活壓力形成，債台高築，才發現事態嚴重而報怨，此時為時已晚已陷入痛苦的深淵之中了。

此命格的人要改命，就要改思想，找周圍一些財運好、財運順利的人做榜樣，多去請教生財之道和守財之道。多觀察別人在處理一般事物和處理錢財上的優點，多加分析參考。天相坐命卯、酉宮的人都很固執，常自以為自己的財帛宮是天府（財庫星），自然會有錢，但是別忘了你的天府星是和陀羅同宮的，這是『刑財』格局，是錢財上多是非、拖拖拉拉進不了財，或是財在旁邊打轉，籃外空心，進不了財庫。所以你要學習使自己平順的方法，才能正確的導財入庫。

武貪、羊在財帛宮的『刑財』格局

當武貪、擎羊在財帛宮時，你的遷移宮中就是天府、陀羅。此時你是紫殺坐命巳、亥宮的人。你會是丁年、己年、癸年生的人。

有武貪、擎羊在財帛宮時，是錢財上刑財又刑運的格局，因武貪、擎羊皆在廟位，刑剋是有，但不算很嚴重，只要做競爭激烈的工作賺錢，仍是大有可能。做軍警業，就完全沒有刑剋的煩惱了。做文職工作較會刑財和刑運。因為你的官祿宮是廉破，所以你的智慧並不是特好，而工作型態又是複雜、瑣碎、雜亂、爭鬥性強，或職等不高的工作。你是個適合磨練的人，所以也會做需要長時間練習才能成功的工作。紫殺坐命的人工作範圍非常廣、允文允武，完全看你命格中的文昌、文曲星落座何宮，或有沒有『陽梁昌祿』格而定（此『陽梁昌祿』格是折射的）。無論如何你在賺錢方面是強悍的，好爭型的，有擎羊和武貪同宮在財帛宮的人，在賺錢的過程中是競爭激烈、常有強勁對手出現來阻礙的。所以你會有一些辛苦的歷程，才能賺到錢。當然在此過程中，你也會失去一些好的賺錢機會。算是一點小刑剋了。

紫殺坐命的人，都是愛打拚、耐磨的人，不太相信能改命的事情，所以他們也沒有改命、改運的煩惱。雖然對人生仍有許多疑問，但是希望靠自己的力量去突破改進。在他們的命盤格式中有四個空宮和一個廉破運和天相陷落運，肯定是在十二年為一輪的流年運中，亦會是在十年大運中，有一半的時間處於弱運的時候。不過他的意志堅定，有奮鬥的毅力，倒也不會形成太大的煩惱。所以別人也無須替他操心要改命了。

有武曲化忌、貪狼，在財帛宮的人，你是壬年出生的紫殺坐命者，命宮中有紫微化權。你在財運上沒有暴發運，是以正財為主的賺錢方式。你的思想會更頑固保守，做人小心翼翼，有些吝嗇。因為會有祿存在你的命宮或遷移宮出現。雖然你在金錢處理上多是非，有時也會財運不順。但是你是具有小康環境的人，並且你雖然在財運上的事情不算很順利，但是有其他的好運不斷的在產生，因此也藉由這種關係你的財運還不壞。所以你在自身可享用的財富上倒也沒多大問題，仍是會過得很好的。只是在走武曲化忌運時，會容易算錯帳，或對錢不小心、掉錢、遭到罰款、賠償等耗財的損失。或是有其他金錢上的是非，被人以金錢方面的話題來攻擊你的情況會發生。問題大不大，要看你的解決之道好不好了。

有武曲、貪狼化忌、擎羊在財帛宮時，你是癸年所生的紫殺坐命巳宮的人。你是在財運上、運氣上都遭到刑剋劫運的人。你的財比起一般紫殺坐命者，財少得多了。不但進財的機會和機緣變少了，而且是非、災禍。競爭都很激烈。更麻煩的是：你容易遭受到別人在金錢方面的圍堵和攻訐，也就是說你容易在金錢問題方面做錯事，讓你失去賺錢的機會。例如說，你收賄被抓到而遭處分失去工作，或是別人懷疑你的帳目不清，而找你的麻煩，讓你失去賺錢的機會等等。

倘若再有地劫、天空，在你的財、官二宮，情況是更準了，你多半會因罪罰之事而失去工作或賺錢機會的，要改命，就只有正正派派的做人，不要因小失大了。

武貪、擎羊在遷移宮的『刑財』格局

當武貪、擎羊在遷移宮時，你是空宮坐命丑、未宮的人，你的性格中也會有武貪、擎羊的特質，你可能會是文昌、文曲同宮坐命的人，或是左輔、右弼同宮坐命的人，或是天魁坐命的人，或是天鉞坐命的人，或是火星坐命的人，或是鈴星坐命的人，或是地劫坐命的人，或是天空坐命的人。

但無論如何，在你的環境中都是一種強悍的、有競爭、爭鬥性強的環境。因此你都是適合做軍警業，或做公職，固定的薪水族的人。因為在你的財帛宮是天相陷落，在你的官祿宮是天府居得地之位。因此你在錢財上並無太大的發展，可能只是做一個小公務員，辛苦的工作來賺錢而已。整個的命理格局看起來，『武貪、羊』的刑財在你的命格中是刑財成份強了一點，因此你一定要有工作，才有財，才有衣食溫飽的財祿。但是你仍有暴發運，在你的外界環境中還是有一些意外之財的。

倘若你是昌曲同坐命宮的人，你會因為失去父母而生活環境不佳而財少。倘若你是天空坐命或地劫坐命的人，你會有另一個地劫或天空在財帛宮，你是因為對錢財不重視，凡事看空，對財的敏感力不高，而手邊的錢財少，又空乏或被劫財的，因此而財少。

有武貪、擎羊在遷移宮的人，外面的環境就十分讓他頭痛了，會讓他十分愛思慮、煩惱多，猶豫不決。因為官祿宮有天府、陀羅，是另一種『刑財』的格式。在事業上也是錢財拖拖拉拉進不來，做事能力有些笨，一昧的只是用一些頑固的、笨的、呆板的，盡想些與財運背道而馳的方法去賺錢，這就是他們的問題所在了。不過他們的周遭環境裡，仍是有暴發運會暴發，只是會小一點而已。也要逢丑年才會發。倘若是火星或鈴星坐命的人，則丑、未年都會爆發偏財運和事業上的暴發運，一生的經歷也會較不同。

武貪、擎羊在遷移宮的人要改命，最好利用夫妻宮是紫殺，找到一個能幹、肯腳踏實地的配偶一同努力，而你自已也是薪水族的人，只要平順的過日子，生活就能順暢。有折射的『陽梁昌祿』格的人，也可利用在有陽巨運、機梁運，和有文昌、化祿、祿存的幾個運程中去多增加知識，努力求上進，也可讓你上班族的職位增高及錢財多一點。

武曲化忌、貪狼在遷移宮的『刑財』格局

有武曲化忌、貪狼在遷移宮時，你是壬年出生的空宮坐命的人，你的命宮也可能會出現昌曲、左右、天魁、天鉞、火星、鈴星、地劫、天空等星在

命宮。你一生沒有暴發運和偏財運。你不是和兄弟姐妹感情惡劣，就是家庭中是非多而離散。在你出生時就有金錢上的是非麻煩，而且你一生都在與錢財有麻煩、困擾的環境中打滾。這倒不是說：你一定會窮得一無所有。因為武貪尚在廟位，有武曲化忌，只是錢財上有是非麻煩而已。你若是能平心靜氣解決麻煩，不怕麻煩，就會有財可賺。倘若心浮氣躁，與人發生爭執、鬧架，或是生氣放棄財，就會沒有財了。因此有此遷移宮的人，要修身養性，培養明理、平和的個性，財才會多。

有武曲、貪狼化忌、擎羊在遷移宮的人，必是空宮坐命未宮的人。在你的環境中是運氣不好，機運沒有，財又被刑剋減少的狀況。你會較孤獨，不喜與人來往，人緣欠佳，賺錢的機運少，故而財少。因為這時候『祿、權、科』全在閒宮，官祿宮又是天府、陀羅，你的智慧也不高，只是一昧的怕事、煩惱，又不夠圓融，一和人交往就有是非，被人吃得死死的，但是你還是會一些好的、溫和的朋友會幫助你的。在你一生中沒有大災難、大傷災就算是萬幸了。你很可能在出生時，身體就有缺陷，例如心臟缺損之類的病症，或頭部要開刀，因此一生經歷很多的開刀手術。人生平順就是你的福氣了。

武貪、擎羊在福德宮的『刑財』格局

有武貪、擎羊在福德宮時，你是生於丁年、己年、癸年的天府、陀羅坐命巳、亥宮的人。你的命宮是有陀羅入宮，因此你會心中有事常盤旋，但不說出來。慢性子，一板一眼有自己的步驟，彷彿知道賺錢的路數，但又不確定和猶豫不決，煩惱多，只想自己的道理，不太注意周圍真實環境中的變化和情況。所以你是自以為是，有點笨和慢的人。你本命『天府、陀羅』就是一種『刑財』的模式。在福德宮中有『武貪、擎羊』，又是一種『刑財』又『刑運』的模式，這就表示你常用一些自己的方法，而不被別人接受的方式，刑剋到自己的財運。這是你本身思想方面的問題。你的夫妻宮是廉破，表示你凡事都想到壞的、不好的結果，心中本來就是一種窮的、不好的心態。更印證了你『刑財』的問題是出自於自身觀念、思想上對財的缺乏，而導致的財窮。**改命方法**，就是多和有財的人、財多的人來往，或者相處。感受一下『

命中有財』的人的思想及處事方法而學習之。長久之後，自然耳濡目染的有些財氣了，自己的財也會多一點了。

武曲化忌、貪狼在福德宮的『刑財』格局

有武曲化忌、貪狼在福德宮的人，你是天府坐命巳宮或亥宮的人。若是坐命巳宮，會有祿存、紫殺在遷移宮。若是坐命亥宮，會有祿存、天府在命宮。雖然你容易招惹金錢上的是非、災禍，不過你本命中仍有錢財，有自己的財祿，生活無慮。

福德宮有武曲化忌、貪狼的人，也可能是在政治上惹上是非麻煩。政治觀念、想法和別人不一樣而形成固執、保守的人。因為武曲尚在廟位，化忌帶給他的影響並不太厲害，只是多金錢或政治上的是非而已。其人的遷移宮中有紫微化權、七殺，會具有高地位、掌權的、愛打拼的環境。此命格的人也容易在政治圈中打滾。**改命的方法**，也是只要不怕麻煩，不厭其煩的努力應對，不去躲避、逃避，錢財是非或政治事務上的是非會化解。若是愈逃避

情況會更惡劣而無法控制。

武曲、貪狼化忌、擎羊在福德宮的『刑財』格局

有武曲、貪狼化忌、擎羊在福德宮時，你是癸年生的天府、陀羅坐命亥宮的人。你有人際關係上面的問題。想法是固執、保守，不太與人交往，認為別人常會找你的麻煩。你的內心是有窮困思想的人，因為你的夫妻宮是廉破。夫妻宮又代表人內心的思想和價值觀，所以在你內心中對錢財的觀念就是一種窮酸的想法。自然在取財時，東想西想的，與人緣機會和財路是背道而馳的。你的財帛宮又是空宮，官祿宮又是天相陷落，所以在對錢財的運用和賺取方面都不會富有，也不會順利的運用、拮取。財少的問題就很清楚的展現了。

要改命，就要改掉羊、陀在你命、福二宮的影響。也要改掉羊、陀在你生命中的影響。你是非常喜歡煩惱的人，又煩惱不出什麼名堂出來，只是使自己的運氣更糟。因此你要少煩惱、多運動、多去曬太陽，增加運氣，你可

以外出，借由朋友的關係而開拓一些財運的。在年老的時候，也會有一些房地產，能存到錢財。

武貪、陀羅的刑財格局

武貪、陀羅在命宮的『刑財』格局

當武貪、陀羅在命宮，你的福德宮中是天相陷落、擎羊。你本身是一個性格強悍、粗魯的人，最容易做軍警業，但福德宮中有『刑印』的格局，因此你的職位不會太高，而且常有說話、做事不被重視的感覺，你根本掌不到權力。況且你也不想管，你的內心有些自卑感在作祟，常覺得被人踐踏，而心懷不悅。你只有以強悍的姿態，不停的操勞，用一些笨方法來達到你想往上爬的目的。這也不是沒有效果的，倘若你是甲年生的人，又命坐丑宮，你的命宮會有武曲化科、貪狼、陀羅，你會有廉貞化祿、破軍化權，在財帛宮。

命、財二宮有『科、權、祿』你會轉向往錢方面去營謀。但人生仍是大起大落的型式。

倘若你是庚年生的人，又命坐未宮，你仍是會在政治圈或軍警業爭鬥，你也可能會去金融機構工作或炒作股票之類的工作。做軍警業你做的很辛苦，喜愛掌權，又常控制不了，掌不到權，或是到手的權力又常漏失了，蠻痛苦的。你終日操勞不斷，無福可享，自己的身體也不太好，小心有高血壓、心臟病、中風、頭部病變，讓你壽命不長。

如何改命

此命格的人要改命、改運，在中年以後要保養身體，不能太累，減少中風或頭部病變的機會，否則也無法拚命了。另一方面要把自己遇到的問題，找親友間的有識之士來請教，不要一昧的藏在心中。太煩惱、太頑固的人，智慧會很低，做事就更會出錯。要外出多走動，運氣才會好。

本來武曲、貪狼都是活動很快速的星曜，在命宮時，其人性格堅強獨斷、機運很好。有陀羅同宮時，武貪的速度會減慢，因此其機運會差一點，其人做事也會猶豫不決，愛拖延、停滯不前，這些就是刑財、刑運的狀況了。因此常外出活動，有利於機緣的創造。多與人接觸來往，也可改善其人愛鑽牛角尖、把心事藏在心中打轉，轉不出來的鬱悶現象。

武貪、陀羅在夫妻宮的『刑財』格局

當武貪、陀羅在夫妻宮的時候，你是天相陷落、擎羊坐命的人，你的本命是『刑財』的格局。生於甲年的人，你的遷移宮有廉貞化祿、破軍化權同宮，表示你外在的環境是爭鬥多而強悍的，雖然打拚能力很強，但破耗也很厲害，廉貞化祿只帶給你一些微乎其微的精神享受，你也許會喜歡古董或做一些不賺錢而讓自己快樂的事。生於庚年的人，則夫妻宮有武曲化權、貪狼、陀羅同宮，表示你的配偶多半從武職，也會具有地位和權利。同時在你的內心也會對掌握金錢、財政感興趣。你很可能會在一家搖搖欲墜或紛擾不斷的公司中掌握財政，做會計之類的工作。

庚年所生的人有武貪、陀羅在未宮的夫妻宮時，你的本命中是天相、擎羊在酉宮坐命。本命就是『刑印』的格局，又有武曲化權在夫妻宮，內心愛掌財政之權時，就會有衝突產生了，你愛管錢財而管不到，你本身賺錢主財政的能力不強，在工作上你的職位不高、職權不大。在夫妻生活中，你的配偶比你會賺錢，也會主導你家中的財政，他會是家中最大金錢的來源與支柱，而你呢？只會嘀嘀咕咕的頻出主意，而你的主意也並不見得好。雖然你心裡很想控制錢，控制家中財政，但是心有餘而力不足。

本命中『刑印』的格局讓你人微言輕，財不多。雖然你很有計謀，又愛用腦多想，但是無濟於事。你若做傷科大夫、外科醫生則會平順一點。這也要看你的命格中有無『陽梁昌祿』格而定是否做得到了。倘若也沒有『陽梁昌祿』格的人，則你的配偶就是你的貴人，你很可能是依賴配偶維生的人了。

改命方法

你可以學習中醫、針灸、推拿、療傷之術，往傷科大夫、外科醫生的途徑走。也可參與救難隊、救助傷患的工作。更可在醫院中工作，或參與血光、急救的工作，可有好的發展。

你需要多運動，多曬太陽，以防有陰事產生。使自己的運氣好一點，便不會有太多的血光發生在你的身上。在人際關係方面也會變好。運氣好，便一生平順了。另外，要找一個比你會賺錢的配偶，不要常嘮叨他，以防財被你嘮叨掉了。

武貪、陀羅在財帛宮的『刑財』格局

當武貪、陀羅在財帛宮時，你是紫殺坐命的人，你是甲年或庚年生的人。你的財帛宮就是『武貪格』偏財運的格式，雖有陀羅，會使它慢發一點，但還是會發。甲年生的人，在你的官祿宮有廉貞化祿、破軍化權，財帛宮有武曲化科。因此財、官二宮就有『祿、權、科』，你會在事業上打拚努力，事業會有成就，稍具規模。你在錢財上仍是有無限好運，只是有時候有些拖延而已，情況不嚴重。因為武貪本身皆居廟位很強悍，同宮的陀羅也居廟位，更增加強悍，故狀況仍不錯。你比較會做爭鬥性強的工作來賺錢。例如做軍警，或賣房地產，廣告公司等各行各類，只要競爭大、爭鬥性強就有利於你。

因為你的夫妻宮有天相、擎羊，這也是『刑印』的格局，表示在你的內心卻不太重視權力結構，也不想用強力來壓人，因此你也可能是個獨自開工作室，或做自由職業，沒有高等頭銜、名聲的人。你的內心常憂煩，因為煩惱太多，而傷害了得財、進財的時機。庚年生的人，財帛宮就有武曲化權、貪狼，因此錢財暴發的多，也能主掌財運，生活順遂。

改命方法

你要少煩惱，多運動，不要沈迷於孤獨的思慮之中，也不能隨意放棄權力。要知道放棄權力就是放棄財了。你要找到福厚財運好的配偶，相對你的人生就會提高。倘若已找到無財又懦弱的配偶，一切就要靠你自己打拚了，因為家庭中是無人能幫忙你的。認清這個事實，你在外打拚就能更無牽掛了。

武貪、陀羅在遷移宮的『刑財』格局

當武貪、陀羅在遷移宮時，你是空宮坐命的人，你的財帛宮中有天相陷落、擎羊，表示你的財帛宮是屬於『刑印』的格局，所以你不會自己管錢。

在你周遭環境中有很多暴發機會，和好運機會，但也會有拖延、延遲來到的情形。在你命格中還移宮的陀羅會直接影響到你本人的智慧和奮鬥打拚的能力都慢半拍。當然這在接受財方面就常錯過而不理想了。所以你的財帛宮是福星天相和刑星擎羊同坐的情形，表示沒有福氣承受財。另外在你的福德宮中是廉破，表示財的來源也不好，破耗大，每日勞動多想，但不實際。與財的距離很遠，對財的敏感力是略有，但是做法行動與財背道而馳，所以你是個常錯過得財機會，錯失良機的人。在你的官祿宮有天府，你適合做一個上班族，領薪水才會平順。

改運方法

你要找一個固定安穩的工作，拿一份固定的薪水才會穩定。做事不要拖拖拉拉，要起而行，想到做到，才能掌握財。自己空煩惱是不行的，只會更窮。財帛宮有天相陷落、擎羊的人，既是『刑印』，又是『刑福』，所以根本不能管錢，會管得破產。更不能做生意、開工廠，否則每天會被錢逼瘋了。有偏財運、財運好時，不可高興過頭，大花特花，要知道在你的命盤格式中，大半是空宮弱運和破耗之運，所以生活平順即是幸福。故要小心節儉度日方可平安。

武貪、陀羅在官祿宮的『刑財』格局

當武貪、陀羅在官祿宮時，你是廉破坐命的人，也會是甲年、庚年生的人。甲年生的人比較好，有廉貞化祿、破軍化權在命宮，有武曲化科在官祿宮。『命、財、官』中有『祿、權、科』成就稍大。而庚年生的人，有武曲化權、貪狼、陀羅在官祿宮，做軍警能管理大財。但生在甲、庚年的人，你的遷移宮中有擎羊，你是一個略為陰險，多智謀，喜歡爭鬥的人，你會有事業上的暴發運。但你的遷移宮中有『刑印』和刑福的格局，基本上在你的環境中不太能掌權，庚年生的人，官祿宮有武曲化權、貪狼、陀羅的人，最後會偏向管錢，但其實也不見管得好，一定有衝突、是非產生，讓你覺得很累。

改運方法

在醫院做財務工作，你會做得很愉快。做軍人多操勞一點也會勝任。否則你只會在爭鬥多的地方浮浮沈沈了。你的身體一生開刀次數多，要小心保重。在財運方面，你還不差，只是沒福清閒和享用而已。

武貪、陀羅在福德宮的『刑財』格局

當武貪、陀羅在福德宮時，你是天府坐命巳、亥宮的人，你的夫妻宮是廉破、擎羊。表示你內心是一種凡事不往好處想，愛鑽牛角尖，情緒智商拙劣的人。EQ很差，性格又剛、獨斷獨行。雖然你的外表沒那麼強悍，但你的內心頗為陰險，常有不為人知的心計。你是以小人之心度君子之腹的方法在處事的，因此你常想得太多，或先下手為強，而使自己的財運有損，遲遲進不來。你本性中對財還是有敏感力和知道財的方向感的，但是你太小氣、太計較、以致做法不太好，而只有拚命打拚。能入庫的錢財並不多。你適合為別人做會計理財的工作，以薪水固定，會有平順的生活。你的職位不會很高，因官祿宮是天相陷落的關係。

改命方法

要改去羊、陀在你內心和精神上所造成的壓力和影響其實很難，你會長期有精神痛苦的狀況。要把一切放開並不是很容易，但要努力去學習打開心扉，多外出活動一下，讓精神放鬆一點，退後一步，凡事就會海闊天空了，你的運氣也會變好了，財運也會好了。

武曲化忌、貪狼的刑財格局

武曲化忌、貪狼在命宮的『刑財』格局

當武曲化忌、貪狼在命宮時，你是壬年出生的人。因為武貪同宮在丑宮或未宮皆是居廟旺的位置，所以雖有武曲化忌，仍可有富足的生活。但這只是一般平常百姓的生活，你一定要有專業技能才會生活平順。

有武曲化忌在命宮的武貪坐命者，唯有暴發運不發，和容易招惹一些金錢上的是非，是比較麻煩的事，其他方面還算順遂。通常我們發現到此種命格的人，在走武貪運的流年、流月、流日中，雖然暴發運不發，但仍會有比

平常多一些、好一些的財運的。只是要防到有關錢財方面的口舌是非和糾紛而已。

改運方法

有武曲化忌、貪狼在命宮的人，最好是以正財為主，學一門專業技能，也能賺到你的財。你的官祿宮有紫微化權、七殺，只要打拚努力，便會有事業發展，而且可有高官掌權之位。你的問題只是在理財方面。只要找配偶幫忙或請會計幫忙，便可平順了。

武曲化忌、貪狼在夫妻宮的『刑財』格局

武曲化忌、貪狼在夫妻宮，你是壬年生、天相福星落陷坐命的人。你的田宅宮中有擎羊，家宅不寧，且財庫有漏洞刑剋，你根本存不住錢。在你的內心對錢財有特殊的看法，再方面你的理財能力也不好，對於機緣你也不太會把握。你的遷移宮中有廉破，表示你會生活在一個很辛苦、爭鬥多，會財運不好，環境較差的一個環境之中，自然可得財、賺到錢的機會就少了。而

且在心態上你也會製造一些金錢是非，誤以為這是賺錢的方法。你更會找到有錢財麻煩或不會賺錢，或有債務在身的配偶。你一輩子過得蠻辛苦的。

改運方法

你要堅持做一份固定的工作，不要隨便換工作。在尋找配偶時，也要睜大眼睛多觀察對方是否有債務在身。不要輕易相信對方的誇大之詞，或相信對方只是欠小債而已。否則結婚後才會瞭解身陷泥沼，要幫著還債的痛苦。

武曲化忌、貪狼在財帛宮的『刑財』格局

有武曲化忌、貪狼在財帛宮時，你是壬年生、紫殺坐命的人，你在錢財上會有是非麻煩，有時也財不順。你適合做公務員、上班族，領薪水，不適合做生意開公司或工廠。你的命宮中有紫微化權、七殺，表示你會凡事能化解，萬事能擺平、打平，但是也要經過一翻挫折之後才會平順過來。

改命方法

你要小心注意錢財的問題、支票的問題、債權的問題，你可請財運佳的

人給你幫忙，例如請會計等等，你的夫妻宮有天相陷落，配偶是幫不上忙的。你必需瞭解自己有多少財力做多少事，不要好大喜功，隨便擴展事業版圖，你一定要先找好人幫你再去發展事業。

武曲化忌、貪狼在遷移宮的『刑財』格局

當武曲化忌、貪狼在遷移宮時，你是空宮坐命有武曲化忌、貪狼相照的人。在你的環境，就多金錢是非，或者財不多。在你的環境中多的是機會、機緣，再由不斷的機會和機緣來創造財運。因為你的財帛宮是天相陷落，官祿宮是天府居得地之位，故你的理財能力不好。倘若你再不清楚你擁有的只是機會而已，一昧的想在錢財上求發展，結果只有浪費時間罷了。

改命方法

有武曲化忌、貪狼在遷移宮的人，一定要有固定工作領薪資，生活才會穩定。你會在有金錢是非的環境中工作，只要辛苦打拚知道掌握運氣，也可賺到自己想賺的錢。

武曲化忌、貪狼在官祿宮的『刑財』格局

當武曲化忌、貪狼在官祿宮時，你是壬年生的廉破坐命者，你的金錢運尚好（財帛宮有紫微化權、七殺），但你在工作上會遇到有關錢的是非和官非，你也可能因為貪污事件而遭處份。倘若你所做的工作是賺錢較少的工作，反倒沒有是非。

改命方法

因你的財帛宮中是紫微化權、七殺，只要順其自然，不取不義之財，生活就能順暢，勤儉持家過日子會過得好。

武曲化忌、貪狼在福德宮的『刑財』格局

當福德宮有武曲化忌、貪狼時，你是壬年生的天府坐命巳、亥宮的人。在你的本命中就沒有暴發運，你是以正財為主的財運型式。命坐巳宮的人，在你的遷移宮中有紫微化權、七殺、祿存。你會有平順、忙碌又享福的人生，

但事業和財運並不好，只有衣食之祿。命坐亥宮的人，則是命宮中有天府、祿存，而遷移宮是紫微化權、七殺。此命格和前者不同的是：前者是生活環境中略有財。而後者是本命中有財，環境中是高尚、優美、忙碌、競爭地位高的環境。但兩種命格的事業規模都不高，而且是勞碌、不平靜，也會斷斷續續的。所以說這兩種命格的人有小康之家的財運已很不錯了。有時候也經常很窮，手頭無錢的。

改命方法

當福德宮有武曲化忌、貪狼時，實際上就是刑剋到本命的財了。其人的腦子裡常有古怪的想法，因此在理財時會產生一些是非之事，或是專想一些會耗財、不容易得財的方法來賺錢，自然財少了。因此此人要放棄清高，自以為高尚的想法，有親和力一點，大膽一點，不要太保守、太計較。這是本人性格的問題，信宗教，學習慈悲喜捨，學習放鬆精神，或是學習命理知識可有助於你改變思想，找到財富。

武曲、七殺的刑財格局

武曲、七殺在命宮的的『刑財』格局

武曲、七殺二星同宮，不論在任何宮位都是『因財被劫』的格式。在命宮就是本命被劫財，自然本命所含的財就極少了。

武殺坐命的人，本命中財少。武曲居平，又被七殺相剋劫財，其財帛宮是廉貪俱陷落，根本沒有財，機緣又不好，要得財很辛苦，又耗財很凶。其官祿宮是紫破，勇於打拚，但由於是耗星破軍和帝座紫微同在官祿宮，紫微只是忙著使其變平順、吉祥、平撫破耗罷了，沒有多大的作用。只有『命、財、官』三方有『祿、權、科』的人，有事業成就。否則為平常命格。而且『命、財、官』三方有『祿、權、科』的人，又為『祿不沖破』的人較為聰明，可稍有財利，但也很難成為大富之人。

如何審命、改命

武殺坐命的人，是『因財被劫』的格式，其人生模式在於苦練、苦做、苦修。因財不多，故聰明度不高，但頑固、脾氣硬，不肯承認自己智慧不高。喜歡蠻幹，會愈弄愈糟。其人在學習方面速度慢，又自以為是，聰明度是要與別的命格比較之後才知道的。八字偏陰或八字全陰的武殺坐命者是不學無術的人，一生難有成就。一般武殺坐命者多為工人、做工、軍警階級出身，只有『命、財、官』好的人，有『權、祿、科』俱全的人，才會力爭上游，有智慧來創造成就。此命格的人不能從商或開工廠，否則在巳、亥年會財運困難、會倒閉、欠債。

改命方法

武殺坐命的人因本命被劫財，特別頑固、很難改性格，又常自以為是，積非成是，會隨命運起伏，一生跟著命運走。巳、亥年走廉貪運或空宮運有廉貪相照時，運氣不好，財窮、人緣不佳，人就更笨，有時還會說大話，遺笑大方。人的命運是性格所造成的，只有學習能力佳的人，和有聰明、敏銳的智慧能力的人才能改命、改運。一般工作層次不高及命格層次不高的武殺坐命者很難瞭解這一點，故很難改命。

武曲、七殺、擎羊在命宮的『刑財』格局

當命宮中有武曲、七殺、擎羊時，此人命宮在卯宮，就是甲年生的人。此人若命宮在酉宮，就是庚年生的人。在此人的夫妻宮中會有天相、陀羅。所以此人是聰明度並不算很高，但十分陰險、勞心、勞力，是福不全的人。武殺羊在命宮，就是一種劫財劫得厲害，與財有仇的形式。在他代表內心情緒思維與智商的夫妻宮又有天相、陀羅，也是一種『刑印』、『刑福』的格局，所以此人在思想和內心世界中會有表面上不以財為重，而以名聲為重，努力打拚的是名聲，以主貴為主體的人生。前大陸領導人鄧小平先生就是『武殺羊』坐命卯宮的人，他是甲年生的人，故命宮有武曲化科、七殺、擎羊。財帛宮是廉貞化祿、貪狼。官祿宮是紫微、破軍化權。『科、權、祿』在『命、財、官』三方，雖說是改革大陸的經濟之功臣，我們可看到其人在落實其經濟政策方面、工作方面是十分有魄力而執行能力強的，故有今日大陸之

繁榮。

武殺羊坐命的人，雖被劫財已劫得很凶了，但命宮的武曲仍是財星，故此人一生的志業仍是以財和政治為主的狀況。只不過人生更坎坷一點罷了。

改命方法

武殺羊坐命的人，財、福都不好，財帛宮是廉貪，而福德宮是空宮，有廉貪相照的格局。是一生財少又勞苦的人生，這也是沒辦法的事，只要順應命理，用自己堅定的心來打拚。多參考別人的意見，找出自己的目標來努力。武殺羊命格的人必須做的很辛苦才會有成就。雖然你所得到的財祿少一點，但因你是主貴的格局，你就不能太計較財的得失了。並在行運至武殺羊運、廉貪運之年運時要特別小心，不要因財與人起衝突而幹傻事，殺人或被殺。

武殺、祿存在命宮的的『刑財』格局

當命宮有武殺、祿存時，你會是乙年或辛年生的人。因為祿存逢七殺同宮，是『祿逢沖破』的狀況，武曲亦被殺星劫財。這是『因財被劫』而帶祿，只有衣食之祿，剛夠吃飯，穿衣之資，為一般小市民的生活型態，財還是很少的。而且其人孤獨成性，不太與人來往。性格慳吝小氣，因為自顧不暇的緣故。不過其人會有很好的夫妻宮，感情穩定，結婚後的生活還算愉快。

改命方法

無須改命，只要順應自然生活，自然有財，只要工作順利，過薪水族的生活也自然平順。年老時也可存有房地產。

武殺、火星和武殺、鈴星命格的『刑財』格局

當命宮中是武殺、火星或武殺、鈴星時，生於申、子、辰年的人，會有『火貪格』或『鈴貪格』暴發運。因為有火星在其命宮中，而另一個鈴星就在其財帛宮和廉貪同宮。這種『廉火貪』和『廉鈴貪』格是最低層次的暴發運和偏財運格。不過也可為其人帶來異外的發跡事件，使其人突然興旺，但會暴起暴落。其他年份、生時的人較沒有暴發運。

命宮中是武殺火，武殺鈴時，其人是性格火爆、剛硬的人，因財被劫，

且多傷災、血光、衝動之禍事，也容易傷殘，且要注意羊、陀、化忌、劫空不要都聚集在『命、財、官』中，否則會中途早夭。此人也容易偏向黑道、不法的情事，流年不佳時，易坐牢。

改命方法

武殺火、武殺鈴坐命的人，天生衝動、火爆、性急、刑財，根本是很難改其性格的。倘若夫妻宮好的，（夫妻宮的天相獨坐，不被刑剋），便可嫁娶到好的配偶，一生由配偶來引導其人走正路。配偶也會理財，由配偶助其財運，人生就可順利。

武殺、地劫或武殺、天空坐命宮的刑財格局

凡是武殺、地劫坐命，或武殺、天空坐命的人，其人的官祿宮都有另外一個天空或地劫星和紫破同宮，所以這個人便是腦袋空空，眼中根本看不到財，在工作上也找不到方向感。東做做，西做做，或根本不做了。這個人通

常把事情想得很完整、美好，也知道要身體力行的努力，說起道理來頭頭是道，但是光說不練，實行能力不佳，這是因為本命中財被刑剋淨空的緣故。

改命方法

武殺、地劫或武殺、天空坐命的人，若有結婚的機會快點讓其結婚。讓他的配偶去對他傷腦筋，配偶會幫助他找到賺取生活之資的方法。說不定他比別人還過得更好呢！

武曲化忌、七殺在命宮的『刑財』格局

武曲化忌、七殺在命宮，真是雙重刑財的格局了。無財、窮困，而且多是非災禍，更容易有身體上受金屬的傷害而造成的傷災。雖然其人的財帛宮是廉貪，真窮。但官祿宮有紫微化權、破軍。故在工作上是一帆風順，且能掌握權力的。故事業運特好，也能做高官。但一生錢財不多，是有名、有權無利的命格，主貴。切勿貪財，否則有禍端，影響前程。

改命方法

武曲化忌、七殺坐命的人，以配偶或左右手為理財幫手，自己不要管錢

理財，交給專家和家人去理財。自己專以主貴、主權的事業奮鬥打拚為主，一生會有大成就，亦會有財。

武曲、七殺在夫妻宮的『刑財』格局

當武曲、七殺在夫妻宮時，你是空宮坐命，有廉貪相照的人。你可能是文昌坐命、文曲坐命、『天空、地劫』雙星坐命，火星坐命、鈴星坐命、陀羅坐命、祿存坐命的人。生於丑時、寅時、卯時、未時、申時、酉時的人，較容易有『火貪格』或『鈴貪格』的暴發運或偏財運。以在巳宮的有火、鈴的人，暴發較大，在巳年會暴發。此是『廉火貪』和『廉鈴貪』格，因廉貪雙星俱陷落的關係，只靠火、鈴本身的旺度以決定暴發運的大小，故此格的偏財運與暴發運皆不算大。

當武殺在夫妻宮時，是因財被劫的格式，表示配偶很凶悍而且較窮。如果配偶是做軍警業的，就不一定會很凶了，因為他的職業正符合強悍的條件了。同時也表示在你自己的內心是被劫財的狀況，也會心窮而強悍。凡事愛爭、好強。夫妻運不太好。常因錢財問題常爭執、吵架、打架的狀況，亦會離婚或有生離死別之狀況。

改命方法

夫妻宮有武殺同宮的人，是心窮。凡事看不開，困難的地方是夫妻相處的情況，其實他的財帛宮是天相，官祿宮是天府，只要財、官沒有劫空進入，仍可以有薪水族的財運生活。只是有陀羅在命、遷二宮形成『廉貪陀』、『風流彩杖』格的人為好淫、好色之人，自毀前程，在巳、亥年會發作，這是誰也幫不了、救不了的。夫妻間有爭財狀況，或『因財持刀』狀況的，早日離婚以求平安了事。此命格以軍警業者為配偶會婚姻順利一點。

武殺羊在夫妻宮的『刑財』格局

當夫妻宮有武殺、擎羊時，你是甲、庚年生的、空宮坐命有廉貪相照的人。你的夫妻運特別差。會有窮困、因財而相互仇視、爭鬥、相拼的配偶。而你自己的內心也是有窮思想，貪利忘義。甲年生的人有廉貞化祿在遷移宮，有破軍化權、紫微在福德宮，更喜歡花錢、耗財和自我享受。而庚年生的人有武曲化權、七殺、擎羊在夫妻宮，配偶更霸道，相爭更凶。最終都沒有好結果，會離婚。早點離婚還是好的，以防有相互殺害的危險。同時因在你的財帛宮中會有天相、陀羅，表示你在理財上能力更不好，有耗財和拖拖拉拉、頭腦不靈光的情形，這也表示在你的內心思想上就是一種和財有仇的方式在處理與財相關的事情。

改命方法

你最適合做軍警武職，這樣你內心的爭鬥得到抒發，財運也會順利。和配偶聚少離多，財務分開，各管各的，較不會有衝突。

武殺、火或武殺、鈴在夫妻宮的『刑財』格局

當夫妻宮有武殺、火星或武殺、鈴星時，表示夫妻間相處火爆，時時會有衝突、戰爭出現，要平心靜氣一點才好。同時也表示你的配偶很可能是從事黑道和凶悍、彪悍的事業的人，而且他的經濟狀況不富裕。同時也表示在

你的內心中，也是剛硬、急躁、火爆、財窮的。所以刑財的格局就在你的心理，你才會找到這樣的配偶。

改命方法

你必需先有冷靜的頭腦，再有苦幹的精神。開源節流，要有穩定的工作，不隨便換工作，繼續努力，生活會平順。

武殺、地劫或武殺、天空在夫妻宮的『刑財』格局

當夫妻宮有武殺、地劫或武殺、天空時，會有另一個天空或地劫在你的福德宮和紫破同宮出現。表示你自內心就與財不親近、疏遠，心中無財，看不起財，故也耗費多，得不到財來用。在你的環境中機緣就少（遷移宮是廉貪），所以你一定要靠固定的工作，按月發放的薪資，小心理財才行。所幸你的財帛宮是天相，官祿宮是天府，仍可靠工作得財。

改命方法

只要努力工作，節約過日子，就可平順了。

武曲化忌、七殺在夫妻宮的『刑財』格局

當武曲化忌、七殺在夫妻宮時，表示你的配偶是財少，又有債務糾紛的人。同時在你的心中也會不重視財，有清高思想或覺得債多不爛。此命格以主貴不主富。在你的福德宮中有紫微化權、破軍。所以你天生很有能力使一切平順。也因此你根本不怕窮，你的能力很強，相對的你也不知天高地厚的破耗很凶，愛花錢，但總是要小心一點，日子過得太驚險，也很痛苦的，你和配偶之間也會有財務糾紛，要小心，衝突太凶，會相互殺害。

改命方法

你和配偶都是財窮的人，也會因財起糾紛，彼此將財產和財務分開來管，各管各的，會比較有保障。當你和配偶婚姻有問題要分手時，你也會因護財和配偶有衝突，無論如何你都是吃虧的人，不要太計較財，否則會因財害命！

武曲、七殺在財帛宮的『刑財』格局

當武曲、七殺在財帛宮時，你是紫破坐命的人。你會賺錢辛苦，而且賺不多。因為是『因財被劫』的格式，是十足的刑財格局，此命格甲年生的人較佳，會有成就。庚年生的人，會拚命去賺錢，但職位低，為工人階級。壬年生的人主貴，但一生財窮。因命宮有紫微化權，而財帛宮有武曲化忌、七殺。

改命方法

財窮的人想改命，是說起來容易，做起來難。因為財窮的原因是對金錢的敏感力不佳，認不清錢的方向，再加上破耗多。進得少，出的多，自然窮空了。所以財窮的人就要想方法反過來讓進財多一點；耗財少一點。堵住破洞，而拚命打拚進財，就會錢財盈滿富足了。但是財窮的人，不知道如何找工作，做自己該做的職業，有時更頭腦不清，嫌錢少，工作地方遠而不做。財窮的人也比較懶惰，常藉口找不到工作而不工作。不像命中有財的人，拚死命也要找到工作，並且會估量現況，錢少也會努力去做。不會放過讓機會流失。這其中懶惰的紫破坐命者，尤以有文昌、文曲同在命宮或雙星同在遷移宮出現的人，為最自視清高而主窮的命格為較懶。這些長得比較漂亮，自命高尚，喜歡享福，說的比做的多，要改命就要看婚姻的機會，遇到什麼人了。不過婚姻也不會太好的。

武殺、羊在財帛宮的『刑財』格局

當武殺、羊在財帛宮時，你是甲年、庚年生的紫破坐命者。甲年生的人會有紫微、破軍化權在命宮，會有武曲化科、七殺、擎羊在財帛宮，有廉貞化祿、貪狼在官祿宮，似乎『命、財、官』都有『祿、權、科』，好像很不錯。庚年生的人會有武曲化權、七殺、擎羊在財帛宮。

甲年生的人主貴不主財。庚年生的人也是平凡之人。

無論如何這兩種財帛宮皆是刑財刑得凶，手邊無財的命格。你只適合從事軍警業或爭鬥激烈的行業來賺取生活之資。

記得曾有一位甲年生的此命格的人，來找我問財運，他已是某最高學府博士班的學生，年近四十，以賣文維生，很想賺錢找財路，我建議他寫軍事武器或政治方面的文章可賺到錢，至今已略有成就。

改命方法

有武殺羊在財帛宮的人，真是賺錢辛苦，刑財刑得凶了。在賺錢方面要賺爭鬥凶的財，當然不好賺。但是與軍警有關連，或與黑道有關連的財較好賺。例如前者，其實他還可寫社會黑幕方面的文章，也能賺到錢。

武殺、火星或武殺、鈴星在財帛宮的『刑財』格局

當武殺、火星或武殺、鈴星在財帛宮時，也是刑財刑的凶的格局。賺錢多以黑道、凶猛的環境維生。賺到錢不十分容易，而且是錢財來去匆匆，很難留存。

改命方法

做軍警職或粗重、勞力型的工作，可賺到較多的工資。做文職常失職或

失業。一定要有固定的工作，不要太計較薪水的高低，以能賺到手的財為重要理財的基本，只要肯做，就會有衣食安樂的生活。

武殺、地劫或武殺、天空在財帛宮的『刑財』格局

當武殺、地劫或武殺、天空在財帛宮時，此人的命宮中一定有另一個天空、地劫星。因此其人是頭腦中對錢財一點都沒概念的人。他對錢財毫無敏感力，也自覺清高，不會理財。這種命格的人只要生活過得去便可以了。他較會靠人過日子。

改命方法

要儘量去找工作，無論薪水高低都要做，以生活平順即可。

武曲化忌、七殺在財帛宮的『刑財』格局

當武曲化忌、七殺在財帛宮時，真的是財不順、財窮，且有金錢方面的是非糾紛了，而且容易有債務纏身。流年不好逢財帛宮時有因財害命的問題，

要小心！你的命宮中會有紫微化權、破軍。也會有祿存在夫妻宮或官祿宮出現，所以你會有可供衣食之祿的工作或配偶來做你的貴人，終將債務或財務糾紛釐平。但一生財少、不豐。命坐未宮的人，老年時可有房產。命坐丑宮的人較貧窮。

改命方法

財帛宮有武曲化忌、七殺的人，手中的錢財是肯定不順利的了，可在命盤中找出誰是你的貴人？或做薪水固定的工作，可使生活順利一些。

武曲、七殺在遷移宮的『刑財』格局

當武曲、七殺在遷移宮時，你是天府坐命卯、酉宮的人。此兩命格有差別。在酉宮天府居旺，財較旺。在卯宮天府居得地之位，財稍弱。只要沒有羊、陀、火、鈴、劫空在命宮，及還要沒有武曲化忌在遷移宮中，其人的性格、本命和環境就會稍好一點。自然財、官二位也不能有上述那些煞星，才會有錢。

遷移宮有武曲、七殺時，代表環境中就是一種財少，爭財的局面，必須很努力，用血汗相拚，才能賺到錢。此命格的財帛宮是空宮，有廉貪相照，官祿宮是天相。因此我們知道此天府坐命者本身沒有錢，而是替別人做理財的工作，工作辛苦，領薪水而已。因為環境中財少，天府坐命者是財庫星坐命，天生就是要儲財入庫。財少的環境，儲財也困難，因此天府坐命的人在性格上就更加小心翼翼和吝嗇了。

改命方法

刑財格局在大環境遷移宮之中，其實平常人是很難去改變的，只有用更勤勞努力的態度去面對，運用天府坐命者精於計算和計較的本性，算得更清楚，更努力的去存錢，才是正道。天府坐命的人就是要存錢才有希望。沒有存錢，你的人生都會變得晦暗，精神頹廢，所以不管你的命格裡有沒有刑財格局，基本上你的遷移宮已是刑財格局，你仍要以存錢為解救人生的手段方法來延續生命之意義。

武殺、羊在遷移宮的『刑財』格局

當武曲、七殺、擎羊在遷移宮時，此人是天府坐命卯、酉宮的人。在此人的環境中就是一個萬分辛苦、財少的環境。而且是爭鬥多，容易發生血光、傷災狀況的環境。因此要小心一點了，在卯年及年運不佳時，要防範遭盜匪劫財、劫殺。甲年生的人，其夫妻宮會有紫微、破軍化權，反增性格之激烈，會更讓環境不順。庚年生的人，遷移宮中就是武曲化權、七殺、擎羊，環境中更會爭鬥激烈，這些狀況都不算好。實際上刑財就是刑財，使財變少了，再有什麼外來的力量加入，只是更增凶險而已。

有武殺、羊在遷移宮時，其官祿宮會有天相、陀羅。在工作上，此人也是做職位不高的工作，在得財方面，錢賺得不多。

改命方法

此命格的人，有固定薪水的工作，比什麼都重要。只要努力勤奮，努力存錢，你的田宅宮是巨門居旺，你還會有許多房地產呢！存錢就以買房子、地產為主，較能存到錢。

武殺、火星或武殺、鈴星在遷移宮的『刑財』格局

當遷移宮有武殺、火星或武殺、鈴星時，表示在你的周圍環境中多火爆，易衝突的場面，也容易窮困，財少，或易有血光、車禍之傷害。也可能你是出身於軍警或粗魯的黑道家庭背景，你一生也會在這種環境下過凶險及不富裕的生活。

改命方法

用你本命六府沈著毅力的本性，小心翼翼的過日子，勿近黑道，也儘量不至凶險之地，本本份份的賺薪水之資，到中年以後自會發福，有極多的房地產和家財。

武殺、地劫或武殺、天空在遷移宮的『刑財』格局

當遷移宮是武殺、地劫或武殺、天空時，你的夫妻宮會有另一個天空或地劫和紫破同宮，這表示你的環境和你的心裡同時都具有財窮的現象。你的環境中是雙重的劫財現象。武殺是『因財被劫』的格式，再加上地劫或天空，二度被劫財，所以環境中真是很窮了。

而夫妻宮又逢紫破和地劫或紫破和天空的狀況（夫妻宮也代表人內心的觀念和情緒內涵），就代表其人的內心是自命高尚，喜歡特優、特好的東西和機會，寧缺毋濫。所以他常常寧可窮著還不為五斗米折腰。想找事做賺錢，永遠找不到合適的工作，是一個很會破耗，眼高手低的人。只要有工作，便凡事會順利。

改命方法

此種命格中夫、遷二宮有天空、地劫的人，要讓他置之死地而後生。也就是讓他獨立生活，不要管他，看他工作不工作？要不要自己去賺錢生活？

但是此種人在生活困難時，很容易自暴自棄而自殺。不過他只要走過廉貪運和武殺運之後就會轉好。

武曲化忌、七殺在遷移宮的『刑財』格局

當遷移宮有武曲化忌、七殺時，你的夫妻宮會有紫微化權、破軍。這表示你的環境中常是窮困有債務糾紛，財運不順，但是你的內心有把事情平順處理的方法。同時你也會找到能幹的、地位高、性格豪邁的配偶來幫你解決問題。但是你的配偶有支配慾，性格放蕩不羈，最後你不一定受得了他。

改命方法

你自己的債務問題要自己解決，倘若你找到別人幫你忙，你也要對後來的結果認命了。否則你永遠是自己為自己設下陷井，再自己跳下去。儘量少與人有金錢糾紛。要有固定的工作使金錢運順利。

武曲、七殺在官祿宮的『刑財』格局

當武曲、七殺在官祿宮時，你是廉貪坐命的人。官祿宮是『因財被劫』的格式。表示你必須十分打拚，工作辛苦，才能稍得一些財。官祿宮為武殺的人，以做軍警業為佳，做文職會做不長，起伏大，且生活有問題。

廉貪坐命的人，因本命中廉貞、貪狼雙星俱陷落，故企劃智謀不佳，智慧不高，人緣不好，機緣差。但他們容易學邪佞之事。講得多，做得少，一生偏愛酒、色、財、氣，易犯官符，做非法的事。

命宮中有陀羅，或陀羅在遷移宮的人，是好淫的無用之人。也易做盜匪。此人多不走正道，一生苟延殘喘。

改命方法

有武殺在官祿宮的人，一定要做軍警業會有出息。命格中再有『廉火貪格』、『廉鈴貪格』的人，會有異外的暴發運，也能主貴或發財，但時間不長久。無法做武職的人，也要離鄉發展，辛勞度日可平順。

有武殺、擎羊在官祿宮的『刑財』格局

有武殺、擎羊在官祿宮時，你的工作上爭鬥很大、很多，賺錢更是辛苦，你可能會做軍警業中偵防的工作，或有關國家安全或軍警內部安全的工作，工作內容是鬥爭厲害的狀況。倘若你是做文職工作的，你常失業、失職或根本無工作。

改命方法

有武殺、羊在官祿宮時，你的福德宮會有天相、陀羅。這是勞心勞力、福不全，有破相之徵的人。你也會因爭鬥，或貪念而死於非命。改命、改財運的方法，就是好好做事，少參與別人的爭鬥，以防害到自己。但是你天生好鬥，也沒有這個聰明智慧能放棄參與，故你遭難的機會還很大呢！

有武殺、火星或武殺、鈴星在官祿宮的『刑財』格局

有武殺、火星或武殺、鈴星在官祿宮時，你最好做軍警業，或是去唸軍校，否則有從事黑道的可能。你的事業運是一種凶悍、錢不多的行業，也可能從事工程類做機械、操作怪手、挖土機或做電力、爆破之類的工作。工作性質是有時有，有時無，斷斷續續的。因此錢不多。

改命方法

最好做正職，做固定領薪的工作，否則會財不順而窮困。倘若年紀輕，還可考軍校、警校從事警職最佳。要不然能做軍警機關雇用的人員也不錯，可賺到錢。

有武殺、地劫或武殺、天空在官祿宮的『刑財』格局

當官祿宮有武殺、地劫或武殺、天空時，你是廉貪坐命的人，你的財帛宮中會有另一個天空或地劫與紫破同宮。表示你在工作上會做與財無關，賺

錢少的工作，在財運上也是破耗多，很會花錢。所以你常會不務正業，亦可能靠賭博維生。

改命方法

此命格的人，若是做軍警業的人，有固定薪水，有擅於理財的配偶，一生也可平順度日（因夫妻宮是天府）。倘若夫妻宮再有擎羊或命、遷二宮有陀羅的人，會受淫賭之害，一生浮浮沈沈，沒好日子過。

武曲化忌、七殺在官祿宮的『刑財』格局

當官祿宮有武曲化忌、七殺時，表示你的事業一直不順利，會有政治上的是非迫害，或有金錢糾紛，你會做賺錢少的職業，或在有錢財是非多的地方工作，如錢莊、汽車借款等。雖然你的財帛宮有紫微化權和破軍，這是屬於破耗凶，能掌握彌平破耗，使財運漸漸祥順力量的一種財運方式，總而言之，就是有辦法將破耗再打平而已。有這種財帛宮和官祿宮時，你只適合做軍警人員或公職、薪水族，能固定領薪，較無憂愁。而且偶而還可掌握一下

管錢的實權，雖然你仍管不好。要不然你會在像跟黑道有瓜葛的地方工作。

改命方法

做軍警公職，勿管錢或與財政有關之事，少惹是非，可平順度日。

武殺及羊、火、鈴、劫、空、化忌在福德宮的『刑財』格局

武曲、七殺在福德宮時，你是天相坐命丑、未宮的人。雖然你是福星坐命，又會理財，但實際你本命中財少，而且勞碌、奔波，一生不得休息，你的享受少，辛勤努力只為賺錢。而且在生活中也會不安定，以及有身心過度勞累之狀況。

改命方法

天相坐命丑、未宮的人，實際上就是因為職位低或沒有事業，財才不多。倘若你做軍警業，有固定收入的職業，你是很會存錢的人，一生為財而忙碌。天相是勤勞的福星，一定要肯努力付出才有財，太享福了就財少。

有武殺、羊在福德宮時，真是刑福又刑財的命格了，你的命宮中會再有

一個陀羅星出現。表示你的智力不算高，常又有些自以為是、特別頑固的想法影響到你的福氣和打拚奮鬥的能力。所以你會用吃奶的力氣去做事，但也做不到最好的職位或擁有富翁級的財富。你只有一般小市民的衣食之祿而已。而且你終日煩惱多，身體也會不好，會有傷災。**改命方法：**減少羊、陀在你命中的影響就能使你改變命運，多運動，多參考別人的意見。少做無謂的煩惱，終身勤奮學習，才會改變命運。

有武殺、火星或武殺、鈴星在福德宮時，你是脾氣急躁，內心常有不好的思想的人。你非常操勞，又有些善變，小心傷災。你常因急躁出錯，而耗財和進不了財。要學會控制自己的情緒，別太衝動，財運會轉好。

有武殺、地劫或武殺、天空在福德宮時，一定會有另一個天空或地劫是在你的遷移宮中和紫破一起出現。你是因為環境中是一種假相，表面上看來環境不錯，但裡面已經破耗成空了，所以因看不清狀況而得財特別少。同時你也不知道如何去賺錢和到那裡去賺錢才會賺到錢。這是思想觀念的問題，**要改命**就要改思想，而且是要從頭改起。要去除掉原先舊有的思想，在你周圍找一個財運好的人做榜樣，向他學習，慢慢的，你也會知道賺錢的方法了。

有武曲化忌、七殺在福德宮時，你是頭腦不清，對錢財的計算能力和理財能力有問題的人。往往在牽扯有關錢財問題時，你都會惹出是非糾紛出來。你的本命中財少，又有錢財糾紛，和對錢財不正確的觀念，以至於賺錢更辛勞。

改命方法

在你的遷移宮中有紫微化權、破軍。紫微化權就是一種可使平順的主控力量，所以不論你有多頭腦不清，但在你的環境中都會出現貴人來幫助你使你財運平順。

武破及陀、火、鈴、劫空、化忌的刑財格局

武破、陀、火、鈴、劫空、化忌在命宮的『刑財』格局

當武破在命宮時，本命就是『因財被劫』的格式。武曲財星被耗星劫去而耗弱。其財帛宮是廉殺。有殺星在財帛宮，自然不利得財，賺錢辛苦而少了。況且廉貞居平，又是一種缺乏智慧和企劃能力的賺錢方式，故明顯的財少。其官祿宮是紫貪。貪狼是好運星，但居平，好運不多，紫微是力求平穩。因此在事業上也得財不多。

武破坐命的人做軍警業最適合，生活會平穩，有衣食之祿。縱使命宮有祿存同宮坐命的人，財也不多。也是有衣食之祿而已。

※我在以前出版過的書上就說過，祿存是隨同宮的星曜是什麼星而有財富大小的變化。例如祿存和財星武曲居廟同宮，就有富翁之財。和武府同宮有億萬之財。和不是財星的星曜同宮，就略有財。和殺、耗之星同宮，其實是『**祿逢沖破**』，但仍略有財，

財很少了。祿存財富格局的大小，變化很大，完全看與何星同宮，或有何星相照而定。

當武破、陀羅在命宮時，你的福德宮是天府、擎羊。表示你一方面聰明、智慧不夠好，另一方面你本命中的財庫亦被劫財，以致於你根本享受不到財福。你會用很笨的方法去賺錢，得財也少。

當武破、火星或武破、鈴星在命宮時，你的思想偏激，極容易入黑道或做草莽人物。你一生太衝動，財來財去很迅速，財不易留存，終是無錢。

當武破、地劫、天空四星同宮在命宮時，你會四大皆空而入空門做和尚或尼姑。因為有地劫、天空在人的命宮時，就劫入或架空人的思想，會與人緣機會躲避而遁世。有此命格又有羊陀相夾者，容易早亡，為『半空折翅』之命格。有劫難者，可算流年、流月、流日、流時來躲過。有遁世命格的人，則無解。

當武曲化忌、破軍在命宮時，其人是財窮、破耗多，會有債務纏身，多金錢是非的人。但是你的官祿宮會有紫微化權和貪狼，你是主貴而不主富的人，宜多讀書，有高學歷，就會有高尚職業而有財。

武破和陀、火、鈴、劫空、化忌在夫妻宮的『刑財』格局

當武破在夫妻宮時，你是天府坐命丑、未宮的人。你是內心較窮困小氣的人。你也會找到經濟狀況不富裕，花錢又多，不會理財的配偶。你自認為是財庫星坐命的人，很會理財和存錢，實際上你只是用保守的、錙銖必較的方式在存錢而已，對財運的開發和進財的來源並不是很順暢。而且每個人的人生總有一破，你就是破在夫妻宮。倘若能忍耐，有尚稱和諧婚姻者，不計較太多，則會財多一些。若離婚、家庭分散者，則財破、不富。

有武破、陀羅在夫妻宮者，配偶是不富裕且比較笨的人（比你笨）。以配偶從武職（軍警職）為佳，否則配偶做工程、粗工類型的工作亦可。你本身是天府、擎羊坐命的人，本命就是『刑財』了，所以你一生多憂煩，身體不佳，內心也是財窮的模式，凡事擔心受怕。要減少羊、陀在你內心的壓力才會平順，財才會多一些。多運動、注意身體是良方。

有武破、火星或鈴星在夫妻宮者，配偶和你都是脾氣火爆的人，小心有家庭暴力。配偶是財窮，而你是心窮的人。家庭能保存良好者會有財，能蓄財。家庭不全者，則窮困無財。

有武破、劫空四星同在夫妻宮者，不婚。會皈依宗教。這是內心被劫空，以至性靈空零，視錢財為阿堵物，為人清高不合群，不愛財。

有武曲化忌，破軍在夫妻宮時，配偶是窮困又有金錢是非糾紛的人，只會耗財，沒有賺錢能力。而你本身的理財觀念和理財能力也不是很好。你的福德宮有紫微化權、貪狼，而你有本事可賒欠或彌平。使生活能過得下去。你天生是個勞碌命，財不多，但好享受。

武破和陀、火、鈴、劫空、化忌在財帛宮的『刑財』格局

當武破在財帛宮時，你是紫貪坐命的人，你的理財能力和賺錢能力皆不好，而且手頭鬆，常破耗。你常財運不順利。不宜做生意、投資，否則血本無歸而破耗。做軍警業和固定的上班族領薪是你最能平順財運的方法。

當武破、陀羅在財帛宮時，你是丁年或己年、癸年生的紫貪坐命者。你的夫妻宮會有天府、擎羊。癸年生的人，又有貪狼化忌在命宮。這表示，你的內心就有刑財的觀念，使財庫不牢，而得財是拖拖拉拉的，不進財或耗費掉。同時他也會找到不會理財的配偶，又因計較錢財問題而彼此不和。所以你想改命，第一就要找到會理財存錢、又不會與你計較錢的配偶。第二，要自己學習理財、賺錢事宜，否則你就安安份份過日子，不要再想發財之事了。做一個好的上班族，月月領薪也是最好的辦法。

當武破、火星或鈴星在財帛宮時，你的財來得快，去的更快，寅吃卯糧，財根本不夠用。你也沒有暴發運，你對錢財的處理有缺失，因此財流失的很快，要有固定薪水的工作才會平順。

當武破、地劫、天空四星同宮在財帛宮時，你手邊根本沒錢，你也管不到錢，你會靠人過日子。**改命方法**：就是錢給別人管，你只要做事就有飯吃、有衣穿了。

當武曲化忌、破軍在財帛宮時，你手邊無錢，只有金錢是非和債務。你也不懂得賺錢，花錢時又常被人騙。你隔幾年就有一大筆債務要還，幸而你的命宮是紫微化權和貪狼，你會慢慢將債務打平攤還。但是若繼續做生意或經營事業，欠債問題會周而復始，永遠不停歇。所以你要考慮一下你的人生是不是要在繼續欠債還錢中過日子了。去幫別人工作，或做軍警、薪水族是明智之舉。有錢就買房地產可留存。

武破和陀、火、鈴、劫空、化忌在遷移宮的『刑財』格局

武破在遷移宮時是環境中『因財被劫』，環境就是財少窮困的現象。你是天相坐命巳、亥宮的人。在你周圍的人都比你窮，所以幾乎是和你爭財的形式。你最適合在軍警單位中工作，會一生平順。做文職會操勞、辛苦、財不多。你的財帛宮是天府居廟，官祿宮是空宮，表示你以理財的工作為佳，在職位上並不會太高。只要有工作，你便會安祥過日子了。改命方法：守住你的財就是守住你的工作，便可一生平順。

有武破、陀羅在遷移宮時，表示你外在的環境是財少又愚笨、緩慢的環

境，所以也影響你得財的多寡和進財的速度很慢。你容易失業或做不長久。相對的也影響你智能的發展，以為外面的人都是很笨的。你的財帛宮會有擎羊和天府同宮。在手邊應用錢財方面就是直接刑財的格局了。故一生常財不順，或在賺錢方面競爭和爭鬥很多，入不了帳。**改命方法：**就是要學習更多的賺錢方法，也必須更努力的去賺去打拚才會有多一點的收入。

有武破、火星或武破、鈴星在遷移宮時，表示你外在的環境因為急躁、火暴和衝動和對財的敏感力不足而財少。並且更會發生傷災、車禍或械鬥之事引起的血光，讓財運更不順。

有武破、地劫、天空四星同宮在遷移宮時，表示你的外在環境中是破爛、窮困、空無，沒有財的環境，有此命格的人，多半在空門之中生活，以宗教為依皈。若再有陀羅、火星和天相同宮在命宮的人，有傷殘現象，遺落街頭，以乞丐維生。

有武曲化忌、破軍在遷移宮時，表示你的外在環境中多金錢債務糾紛，而且爭鬥不休。凡事都是因財而起的，財少而多是非爭鬥。有『羊陀夾忌』之惡格者。例如遷移宮是武曲化忌、破軍在亥宮者，大運、流年、流月三重逢合此亥宮之惡運，會因錢財爭鬥、債務之事喪命。

改命方法

有武破在遷移宮中，即是生活的環境就不富裕或爭鬥多。生活環境不好，錢賺得少的人，就要有固定的職業，有按月領薪的工作，小心及有計劃的過日子。在窮運來臨之前，先儲存一點錢財為後來財少之時來用。要學會平衡開支，生活就能平順。環境中多爭鬥及險惡的人，要學會明哲保身的辦法。在衰運和衝突來臨之前就要明智的與以疏解，使爭鬥的傷害減到最輕。

武破和陀、火、鈴、劫空、化忌在官祿宮的『刑財』格局

有武曲、破軍在官祿宮時，你是廉殺坐命的人。表示你會從事一些艱苦卓決的工作和鬥爭性強烈的工作，或在財少的地方工作，或在環境不佳、破爛的地方工作。有『陽梁昌祿』格的人，會做司法官、律師。某些人會做軍警業，某些人會做辛苦、勞力型的工作。有文昌居旺在『命、財、官』、『

夫、遷、福』的人會做文職工作，但賺錢少，以及同事間有爭鬥現象。

有武破、陀羅在官祿宮時，此人多半從武職（軍警業）。未從武職者會做更低下、財少、雜亂、骯髒的工作，例如做收垃圾的清潔工人或管理員，或廢料處理等工作。因為在你的遷移宮會有擎羊和天府同宮，環境中就是『刑財』的格局，官祿宮是『因財被劫』到底了，你的智慧不高，因此也做不了什麼大事。不過你手上經過的財倒是十分平順，不會為錢財發愁，而且辛苦一生有房地產。只是要小心傷災，丑、未年小心因『廉殺羊』而起的傷災，嚴重時會喪命。

有武破、火星和武破、鈴星在官祿宮時，你在工作中爭鬥多，而且是因財窮所引起的火爆場面。同時也要看命盤中另一顆鈴星或火星落在那一宮，就知道是因何原因而產生火爆的問題了。還要看擎羊在哪一宮，便可知道工作上刑財的影響，又是在什麼方面了。例如有武破、火星在官祿宮坐巳宮的人，又是生在申年（猴年），卯時生的人。會有鈴星和廉殺同宮在丑宮坐命。那此人就是因為天生性格火爆、凶悍，會從事不法的行業。而會做爭鬥凶的工作。所以有武破、火星的官祿宮所代表的意義也正是以黑道為行業的工作性質。倘若申年生的廉殺坐命丑宮者，生在未時，有武破、鈴星在官祿宮，又有火星和紫貪在財帛宮，此人在錢財上會爆發『火貪格』的偏財運，在酉年會爆發得意外之財。但在工作上仍是爭鬥多，財少，情況險惡的，有時也會根本不做正當工作的。倘若此命格的人，又生於庚申年，有擎羊和紫、貪、火星同宮，錢財暴發得會很小或不發了。或是暴發後帶有血光傷災。

火星、鈴星會依出生年、時，落坐的宮位不同而變化。火星和鈴星也是像雙胞胎兄弟一樣彼此影響的。它們分別在命盤中不同的宮位出現，但相互牽制而產生影響。

有武破和天空、地劫四星同宮在官祿宮時，表示其人沒有工作，而且官祿宮更代表其人的智慧型態，表示此人的智慧亦不高，常會想些破耗、花錢的事，或有很爛的藉口不工作。此種官祿宮更是活躍在佛道、空門、宗教團體中，做閒散的，服務性質工作人員的命格。也可能他們會更進一步的做沙彌、比丘尼、和尚、道士、傳教士。

有武曲化忌、破軍在官祿宮，表示其人在工作職務上常因財務糾紛而起爭鬥。他的工作替他帶來的錢財少，但是非、破耗多，此人不適宜做與金錢、金融有關的行業，否則會因錢財不清或債務問題，有官非坐牢的情形。做生意也一定會垮，有大批債務纏身。有此官祿宮的人在工作上，一生不順，易出錯被解職。

改命方法：

人會做什麼工作來賺錢，彷彿冥冥之中有某種力量在引導你，很多人都是在跟著命運的巨輪在走，不由自主的起起伏伏的過完一生。有一天，你突然回首前程往事，你會想在某年所發生的一件事情中，倘若當時不是這麼想的，若用別的方法來處理，是不是會更好、更圓滿呢？所有的人改變別人是困難的，改變自己的思想也不容易，就像官祿宮有武破、陀羅的人，還移宮一定會有擎羊，所以是環境不好，環境中就比別人多爭鬥、競爭。而本身的智力又不足應付，而形成工作上不順利，財少的局面。解決的方法，財然是對症下藥、一方面要減少環境中的爭鬥、刑剋；另一方面要增加自己的智慧能力。多讀書、多學習就能達成。普通有這種命格的人不愛唸書，不喜歡學習正常及正當的賺錢方式。所以『命、財、官』、『夫、遷、福』中煞星多的人，就容易走上邪道，而多遭災禍，一生也錢財不順。學習賺錢方法能力強，『命、財、官』、『夫、遷、福』好的人，一生平順，有公家飯可吃，或是以薪水階級而儲財。

廉殺坐命的人是本命財少的人，『命、財、官』中都沒有財。他的財是在環境中（天府在遷移宮），故要外出取財，要打拚，付出勞力來取財，以及運用方法來取財。踏實努力、純志意正就能確實掌握財。多作惡事，頻生惡念的人，沒法子按步就班的人，想一下子多得財的人，反而得不了財，更會有刑傷剋害到自己身上，有血光凶災或更刑財而財少了。

第六章　天府及羊、陀、火、鈴、劫空在各宮的刑財格局

天府和擎羊同宮時的刑財格局

天府和擎羊同宮時，是比較嚴重的刑財格局，表示財庫被刺破有破洞了。當天府在丑、未宮獨坐居廟遇到擎羊也居廟同宮入命時，雖財庫有破洞，但仍有錢，財沒被漏光，此人會陰險多慮、勞心勞力去賺錢，尚稱富裕。但身體不好，有心臟、肝臟、頭部或腎臟方面的疾病，帶病延年，亦不長壽。此人非常小氣，討厭別人浪費，因為家中大多數的錢都是他賺的，會非常心痛被浪費。也因為其人的夫妻宮是武破、陀羅的原故，內心是窮的，因窮而造

成另一種破耗。

天府、擎羊在丑、未宮入夫妻宮時，表示其人內心的財庫破了洞，你是紫貪坐命的人，你的配偶是個不會理財的人，你的財帛宮也有武破、陀羅，表示你不從軍警業，便沒有足夠的薪水可養家活口，一生手邊拮據貧困，賺錢的方法又笨，根本賺不到什麼錢。搞不好要靠人過日子。

天府、擎羊在丑、未宮入財帛宮時，表示你手中原本掌握著財庫，但有了漏洞，會財不多，被刑財、劫財。而且你在賺錢的方面多遇競爭和鬥爭，十分不順利。你是天相坐命巳、亥宮的人，在你的遷移宮中是武破、陀羅，故環境不好，是窮困、破爛的環境。又有窮凶極惡的人來和你搶錢，所以也知道你財不多。

天府、擎羊在丑、未宮入遷移宮時，表示你的環境中原是一個大財庫，但有強敵入侵，造成漏財及劫財現象。你是廉殺坐命的人，你的官祿宮會是武破、陀羅，故你的工作能力不強，又是賺錢不多，職務低微的工作。因此你因環境不佳而賺不到很多財。

天府、擎羊在丑、未宮入官祿宮時，表示你在工作上原本是做得財很多的工作，但有競爭激烈的狀況，或工作中多爭鬥而使你賺錢少了。你是空宮坐命有紫貪相照的人。你可以運用你十分祥和、高尚、人緣好的環境來創造機會來賺錢。另一顆財星在朋友宮（僕役宮）中故也可藉朋友之力來賺錢，或賺朋友的錢。

天府、擎羊在丑、未宮入福德宮時，表示你天生勞碌、福壽有損，而財不多。你是武破、陀羅坐命的人，你本人的聰明度不高，心情悶，很愛把事情藏在心中東想西想而自苦、自困，憂煩多，解決不了。所以也沒法子努力工作去取財。

天府、擎羊在卯、酉宮入命宮時，表示你本命中的財，受到極大的刑剋，天府、擎羊在卯宮，因天府只在得地之位高，擎羊居陷更嚴重。在酉宮，天府居旺位，擎羊居陷，雖也刑剋嚴重，但仍有財，其人會陰險多慮，用手段去賺錢。此兩種命格的人，夫妻宮都是紫破、陀羅，表示其人內心都固守一個程式，就是喜歡做表面漂亮、美麗、花錢多而笨拙的事情。他們所找到的配偶也是這類型的人。此命格的人，也有身體不好和傷災，開刀方面的問題。他的刑財是直接由內心思想，由頭腦中所發出的刑財了。以坐命在卯宮的人比較窮困，在酉宮坐命的人稍有財。這兩種命格的人，財帛宮都是空宮，有廉貪相照，官祿宮是天相，所以只要有工作，有薪水可拿便有財可進了。但在他們手頭上還真是無錢呢！

天府、擎羊在卯、酉宮入夫妻宮時，表示你內心中有刑財的格局，你會找到不會理財，又不會賺錢的配偶，最後兩人又常相互計較，因為錢財而不和。以天府、擎羊在卯宮入夫妻宮時，配偶較窮，刑剋較重，彼此因財少而相處惡劣。在酉宮，配偶仍俱有中等富裕的財富，但吝嗇小氣，不一定會給你花。你是廉貪坐命的人，財帛宮又有紫破、陀羅。實際上你比配偶更陰險，更沒財，你心裡就窮，會常向配偶要錢取財。配偶又小氣不給，因此你們是天天為財爭吵的夫妻，根本無寧日。

天府、擎羊在卯、酉宮入財帛宮時，表示你手中的錢財常不順，而且在賺錢過程中常受到激烈的爭鬥、競爭，賺錢不易。你是天相坐命丑、未宮的人。在你的遷移宮中是紫破、陀羅，表示環境中是一種好大喜功、頭腦愚笨、愛破財的現象。所以財的入和出都不好，因此財少。以財帛宮在卯宮的人，財最少，刑剋較嚴重。財帛宮在酉宮的人，手邊雖受刑剋，但仍略有財。

天府、擎羊在卯、酉宮入遷移宮時，你是武殺坐命的人，你的環境中就是有人來奪財、劫財的。你的本命又是『因財被劫』的格式。所以你的一生就處於劫財之中了。在你的環境中，競爭和爭鬥很凶。你的官祿宮有紫破、陀羅，財帛宮有廉貪，所以你一生窮困，沒有好日子過。這是甲年和庚年所出生的武殺坐命者。

天府、擎羊在卯、酉宮入官祿宮時，你是空宮坐命有廉貪相照的人。你在工作上會做競爭激烈、爭鬥多，容易讓財流失的工作。你的福德宮是紫破、陀羅，表示你又勞苦，內心又想不開，常憂煩，卻又做一些破耗的事，讓自己更不順，心情更不好。財也得的更少。

天府、擎羊在卯、酉宮入福德宮時，你是紫破、陀羅坐命的人，本來你是很愛物質享受，而且很愛享福的人，但心中多操煩，頭腦想事情很笨、很慢，生活中仍多破耗，但一點都對自己無利可言。你的刑財是在思想、觀念之中的問題。

天府、陀羅在丑、未宮

天府、陀羅在丑、未宮入命宮時，你的福德宮是紫貪、擎羊。表示你本身是財庫星，但頭腦頑固且笨，辛苦勞碌，又貪心、貪好，所以會讓本命中的財少了一點，被磨掉了。

天府、陀羅在丑、未宮入夫妻宮時，你的命宮中有擎羊，你是紫貪、擎羊坐命的人。因為你計謀多、愛想、好爭鬥、有刑剋。所以在你心中的財也少了，你也會找到一個有點笨，但仍會為你管財的人。可是你的財不多。

天府、陀羅在丑、未宮入財帛宮時，你的夫妻宮會有紫貪、擎羊，你是甲、庚年所生天相坐命巳、亥宮的人。你的內心有些奸詐，常有貪念，或是怕出力、怕難看，而有貪生怕死，好逸惡勞的念頭而財少。你在賺錢方面，智慧不夠高，在儲財方面亦有小缺失。你更會找到厲害的配偶來管制、刑剋你，讓你財更少。

天府、陀羅在丑、未宮入遷移宮時，你是廉殺坐命的人，你的財帛宮有紫貪、擎羊，表示你外在的環境是一個被磨得有點洞的財庫，而你在錢財方面始終是看起來漂亮又有點貪心，但爭鬥很凶的狀況。在你周圍環境中都是一些較笨的人，也沒辦法幫你賺錢。所以你在雙重夾擊下，財就少了。

天府、陀羅在丑、未宮入官祿宮時，你是擎羊坐命卯宮或酉宮有紫貪相照的人。你性格陰險，有計謀，容易不從正道。倘若沒有劫空出現在『命、財、官』、『夫、遷、福』之中，你還是略有財的。只是工作的成就不高，稍有餘潤罷了。你的身體不佳，要小心眼目之疾和頭痛、四肢傷災、短壽。

天府、陀羅在丑、未宮入福德宮時，你是武破坐命的人，你的官祿宮有擎羊而擺平，使財順利。本命中有財被消耗較凶的狀況。

天府、陀羅在巳、亥宮

天府、陀羅在巳、亥宮入命宮時，你的福德宮有武貪、擎羊，你本人腦子慢，有點笨，愛煩憂多想。你在錢財方面的敏感力稍為受到剋制，所以你會用笨的方法去賺錢，故財較少了。減少羊、陀對你的影響，就會有財了。

天府、陀羅在巳、亥宮入夫妻宮時，你是武貪、擎羊坐命的人。你也是因多思慮、愛操煩而心中對財的敏感力會減弱，心中有些笨，也會擁有理財能力不頂好的配偶幫你理財。自然要看你是否是擁有財星居旺坐命者的配偶，那你財就會多一點了，倘若擁有『因財被劫』命格如武殺、武破坐命，或財少的配偶，那正應了這種天府、陀羅在夫妻宮的命格了。

天府、陀羅在巳、亥宮入財帛宮時，你是天相坐命卯、酉宮居陷的人。你的夫妻宮是武貪、擎羊，表示你內心對錢財、財運有特殊的看法，造成你得財、進財不順利，常拖延，進財少。同時你和配偶也感情上有嫌隙，配偶以做軍警職較佳，否則相互刑剋，大家都沒有錢。

天府、陀羅在巳、亥宮入遷移宮時，你是紫殺坐命的人。你的財帛宮中有擎羊和武貪同宮，你適合做軍警業，否則賺錢有強烈競爭和爭鬥。你的環境就是不算太豐腴的財庫。而且還時常有拖延、耗財之事使財運不順呢！在你周圍的人大多是能理一點小財，但有些愚笨的人。對你在賺錢方面沒幫助。

天府、陀羅在巳、亥宮入官祿宮時，你是空宮坐命有武貪、擎羊相照的人。表示在你周遭環境中就是強悍、爭鬥性強烈的，是爭財、爭運的狀況。所以你在工作、事業中財就不是很多了。且還時常有拖延、遲緩的狀況。你的頭腦、智商也有點笨，在工作上聚財能力稍差。

天府、陀羅在巳、亥宮入福德宮時，你是廉破坐命的人，你的官祿宮是武貪、擎羊，表示你在事業上、工作上會做強悍的爭鬥強烈的工作，而本身很勞碌，所得到財，其實是經過刑剋、爭鬥所剩下的財，故不如想像中那麼多了。

廉府、擎羊

廉府、擎羊在辰、戌宮入命宮時，表示你本命中的財庫被擎羊所剋，你是智慧並不太高，而喜歡要弄陰險的人。而在你的夫妻宮有破軍、陀羅。所以你是內心狂妄、耗財多，或是因為腦子不靈光，有些笨，而不知如何取財的人。你會更勞碌、收穫不多。你終日憂煩，使你的財被刑剋掉更多。更需要擔心的是：在你命、遷二宮相照而形成的『廉殺羊』格局，小心車禍和外出有傷災喪命。

廉府、擎羊入夫妻宮時，表示你的內心又笨，又陰險，會想些笨方法來剋制你的財。同時，你的配偶也是這麼一個聰明度差又有刑財格局、財運不順的人。在流年、流月行運至夫、官二宮時，小心車禍、傷災。

廉府、擎羊入財帛宮時，表示你在賺錢方式上，就是用一種智慧不高，與財有仇的方式在取財的。你是武相坐命的人，但你的遷移宮有破軍、陀羅。丙年生的人，財帛宮正是廉貞化忌、天府、擎羊，頭腦更愚笨的厲害，專門用有官非、犯法或混亂的思想，與財有仇的方式在賺錢，自然頻頻在自己的財運上招災，自困、犯官司坐牢。戊年生的人稍好一點，夫妻宮有貪狼化祿，是有時笨，有時聰明，會利用機運賺錢，但環境中仍是爭鬥多，又破破爛爛的，要在這些地方辛苦的工作會賺到錢。

廉府、擎羊在遷移宮時，你是七殺坐命辰、戌宮的人，你的官祿宮就是破軍、陀羅了。在你周遭環境中的人，就是比較陰險，又有刑財格局，不算富的人。你的環境不好，而你在工作上又破耗多，又愚笨，真是笨人全到一堆了，要賺錢自然不容易了。財少也是自然現象了。但是你在工作或環境中還多傷災，小心車禍或其他的血光而喪命或更破耗無財。

廉府、擎羊在官祿宮時，你是乙年生紫微化科坐命子宮的人，或是辛年生，紫微坐命午宮的人。在你的福德宮會有破軍、陀羅，表示你在工作上企劃能力、智慧不佳，但競爭，爭鬥強烈，所得的財不多。你容易從武職，或公家機關，和政治有關的工作。你一生勞心勞力，無福可享，小心傷災、車禍，流年不利，有喪命之憂。

廉府、擎羊在福德宮時，你是破軍、陀羅坐命寅、申宮的人。你的外表不漂亮、頭顱圓圓，頭大。聰明度也不夠，常做笨事，但很愛用腦子想，多思慮，福祿少，無福。若再有地劫、天空在命、遷二宮（寅、申宮）相照的人，會入空門做和尚、尼姑。你本命中全是刑耗之星，要小心不長命。

廉府、陀羅

廉府、陀羅入命宮時，你的福德宮有貪狼、擎羊，你本命和遷移宮會合成『廉殺陀』的惡格，有死於外道之境況，要小心車禍、血光。你也是頭腦笨、不靈光，又貪心，又多思慮愛想之人，但本命和福德中刑財又刑運，故財不多，平順過日子最要緊。

廉府、陀羅入夫妻宮時，你是貪狼、擎羊坐命子、午宮的人。你的下巴尖削，愛多想，多思慮，憂煩，但內心卻很笨，專想一些笨方法去賺錢，故賺不多。你也會找到刑財格局的配偶幫你耗財，所以你用盡心機也得不到好處。你本命是刑運格局的人。會不喜外出，愛待在家中，也與人保持距離，這就是心中很笨，限制了自己賺錢的機緣了。打破此狀況，就能得財。

廉府、陀羅入財帛宮時，你的夫妻宮是貪狼、擎羊，你是武相坐命的人。表示你的內心有刑運格局，不喜與人來往，機緣受阻，故財運不佳。同時你也會找到人緣不好、或稍具陰險意味、十分聰明又擅用心機的配偶，夫妻感情不佳。你的財運不好是源自於你內心控制情緒不佳和與配偶相處不融洽而導致的財運不好。你手中的財常賺不進來，有拖延、耗弱的問題。

廉府、陀羅入遷移宮時，你是七殺坐命辰、戌宮的人，在你的財帛宮中有貪狼、擎羊。你是因為環境不好，是一個磨破洞的財庫，周圍又皆是笨的人和只會耗財，幫不上忙的人。在你取財、進財的時候，也常遭阻礙不順。賺錢時，有機運和機緣，但競爭對手多，且爭鬥激烈，所以相對削弱了你能得到的財。

廉府、陀羅入官祿宮時，你是丙年、戊年或壬年出生的紫微坐命者。丙年生的人會有廉貞化忌、天府、陀羅同在官祿宮。會有擎羊在你的遷移宮出現。你會因環境不好，頭腦不清，而在工作上有官非事件而失敗、耗財，得不到財。命格中有紫微和擎羊相照，是帝座被盜匪侵害的命格，意味環境險惡，也讓你會有陰險的顧慮，想東想西的阻撓財進而財少。

戊年生的人有廉府、陀羅在官祿宮，會有貪狼化祿、擎羊在遷移宮。環境中也是既刑祿，又刑運的格局，財雖會少，但多少會留一些。而此人會因智慧和企劃行動能力差，笨一點而耗財或財少。

壬年生的人，官祿宮為廉府、陀羅，其人的遷移宮中是貪狼、擎羊，而其人的財帛宮中是武曲化忌、天相。其本人為紫微化權坐命午宮的人。此人是主貴，不主富的人。環境中多艱險，事業運並不算順利，錢財上多是非麻煩，一生財不順，但能平安度過。因此人紫微化權的命格只是在造福使自己凡事化險為夷生活平順。又能掌握到權，但在錢財上、財富上是沒有幫助的。

廉府、陀羅入福德宮時，你是破軍坐命寅、申宮的人。你的官祿宮中會有貪狼、擎羊。你本身的性格上有點笨，而工作中競爭和爭鬥很多，你的事業運是『刑運』格局，故要有成功的事業，不是太容易的事，必須非常打拚，終日辛勞，才能有可能。你也可能無事業。做軍警業較適合你。

紫府、陀羅

紫府、陀羅在命宮時，會有貪狼、擎羊在福德宮，於是福德宮就是刑運的格局。乙年生的人有紫微化科在命宮，又會有太陰化忌在父母宮，命坐寅宮的人，家境窮，可靠自己的努力而賺到錢。命坐申宮的人，辛年生的人，也會有貪狼、擎羊在福德宮中，福德宮也是『刑運』的格局，此人一生比較不貪心，但操勞，身心多憂煩。此兩種命格的人，只要財、福沒有劫空進入，便仍有『武貪格』暴發運，一生也可暴發一些錢財。但因為頭腦並不是很聰明，在理財方面仍需注意。若有地劫、天空在命、遷相照的人，則理財能力很差，取財和用財能力都不強，其人本身有清高的想法、不計較錢財，願意為人墊錢，也會借錢給人拿不回來，這是頭腦空空所致。

紫府、陀羅在夫妻宮時，你是貪狼、擎羊坐命的人。本命是『刑運』的格局，夫妻宮所代表的內心又有略微刑財的格局（指紫府、陀羅），故是因為你內心太保守，固執，影響到你不想向外發展，懶得動，缺少了一些機緣，因此財會少一點。不過貪狼和擎羊都在廟位，運並沒完全刑完，還是有一些機運的，你的外面環境中財很多，一定要外出，向外發展，多活動才會財進得多。

紫府、陀羅在財帛宮時，你的夫妻宮有貪狼、擎羊。你是廉相坐命的人。你的內心太計較、貪心，內心不喜與外界多交往聯繫，因此會有一點刑財，但是還好，因財帛宮的紫府力量很大，蓄財能力很好，可壓制陀羅，故進財比較慢，仍會有大財可進。

紫府、陀羅在遷移宮時，你是七殺坐命寅、申宮的人，你的財帛宮有貪狼、擎羊。這表示你外在的環境中是一個動作緩慢、愚笨的大財庫，而你在取財的時候會遭逢一些競爭和爭鬥的對手，所以取財的運氣不太好，不順暢。你本人也會有些頭腦不開竅、想不開而進財不順利，且理財能力也不佳。

紫府、陀羅在官祿宮時，你是武曲坐命的人。你的遷移宮中有貪狼、擎羊，表示這是環境中有刑運的格局，所以你常不喜歡動、不喜歡外出，喜待在家中，因此機運少、機會少，這也會影響事業上的發展，一定要外出碰機會，財才會多。

紫府、陀羅在福德宮時，你是破軍坐命子、午宮的人。你的官祿宮中有貪狼、擎羊，表示在工作上你的機會不多。你不喜歡動，在工作中又多爭鬥、競爭，你本性有點想不開，只想得到好處，愛享福，以致於事業做得不大。你若做軍警業會更佳。做外科醫生、獸醫也很好，財會多。

天府、火星和鈴星同宮時之刑財格局

天府是財庫星。財庫要安靜、穩重、保險，故不宜衝撞、氣氛火爆、搞怪，這些都會傷害財庫星。故天府和火星或鈴星同宮時仍是會刑財的。只不過程度沒有和羊、陀同宮時嚴重。

有人說天府可制四煞，並不然！我們從很多現實的印證中得知，天府是穩重、規矩，一板一眼，按步就班，老實的星曜。最怕碰到尖銳、險惡、火爆的場面，試想老實、呆板，凡事講規矩、按例行事的人，怎麼能忍受不規矩，沒道理可講，邪佞無德的痞子來相伴，而這些邪惡的人看到老實的人擁有財，還不搶劫一空嗎？當然會劫財了！因此天府不能制四煞。天府和四煞同宮是反被其害，是鐵定為劫財、刑財格局的。

天府和火、鈴在命宮，是脾氣火爆，財會快出快進，只會出多進少。但刑財不如有羊、陀同宮凶。

在夫妻宮，內心較險惡，脾氣急又計較，內心多操煩，影響進財。

在財帛宮，為手邊的財快出快進，但進得少出的多。

在遷移宮，為周遭環境有財但火爆的場面。常不完美，財會減少。

在官祿宮，為事業上有財進，但常有意外事故而讓財進得少一些。

在福德宮，為本性中喜愛物質享受，脾氣又急躁不安，而耗財多。

廉府和紫府與火、鈴同宮時，亦和前述狀況大致相同，略受刑剋，但不太嚴重。

天府和地劫、天空同宮之刑財格局

天府和地劫同宮時是財庫星被劫財，財會少或無。

天府和天空同宮是財庫空空，無財。

當天府、地劫在丑、未宮同宮入命宮時，其人財帛宮定有另一個天空星。表示此人有腦中奇怪的思想劫入，而使錢財成空，天府單星坐命者的財帛宮本來就是空宮，表示是替別人看管財庫，替人理財。所以自己手中並無財。

而有**天府、天空在丑、未宮入命宮的人**，則其財帛宮為地劫星。表示其人天生財空、無財的思想，更導致手中的財被人劫走而無財。

當天府、地劫在丑、未宮入夫妻宮時，你的遷移宮就有天空星。你是環境中空茫一片，搞不清方向，而心中有奇特的想法，使財被劫走，而刑財。

當天府、天空在丑、未宮入夫妻宮時，你的遷移宮就有地劫星。你的環境中常有財運被劫走，所有的好處、壞處都被劫走的狀況。而讓你心中空茫而無財。所以表面上你還是忙著計較、數財，其實並不積極努力。

當天府、地劫在丑、未宮入財帛宮時，你的官祿宮是天空星獨坐。你不工作，也沒有奮鬥力，所以手邊的財常被耗光，而無財。

當天府、天空在丑、未宮入財帛宮時，你的官祿宮是地劫獨坐，你常沒有工作機會而無工作，你也時常口袋空空無財。

當天府、地劫在丑、未宮入遷移宮時，你的福德宮有天空星獨坐。你的環境中常發生事情，財常遭人劫走而賺不到錢。所以你在錢的用度上沒錢可用。

當天府、天空在丑、未宮入遷移宮時，你的福德宮有地劫獨坐。表示在你的環境中常無錢，財庫是空的，財少的，所以你的享用被人劫走了。

當天府、地劫在丑、未宮入福德宮時，你的夫妻宮會有天空星。表示你的桃花少，可能很難結婚。同時在你的內心是空茫一片，沒什麼想法，也不計較的人，所以屬於你的財福享用，或人生美滿圓達之事都泡湯了。本命中財庫的財被劫走了。

當天府、天空在丑、未宮入福德宮時，你的夫妻宮會有地劫獨坐。表示你內心所有的概念都被劫光了，沒有了，桃花人緣也少了，你可能不結婚，也凡事沒心眼，打混過日子，你的享用也少，財福也成空，一生起起伏伏，矇混過日子罷了。

當天府、地劫在卯、酉宮同宮入命宮時，其人的官祿宮會有天相和天空同宮，在工作上是『福空』、『刑福』和『印空』的情況。其人會因為工作不穩定或是掌握不住權力而像自己的財庫被劫了財一般，而本命財少。

當天府、天空在卯、酉宮入命宮時，其人的官祿宮會有天相和地劫同宮，官祿宮是『劫福』、『刑福』、『劫印』的格局，而其本命是『財庫逢空』的格局。其人會因不積極在事業上、工作上不順利，被奪去權力，被人辭退，或做得不愉快辭職或失職遭罷黜，失去工作機會而財祿成空，這也是其人思想上有問題所造成的。

※天相是印星，和天空同宮稱『印空』、『福空』，和地劫同宮稱『劫印』、『劫福』。

當天府、地劫在卯、酉宮入夫妻宮時，你的福德宮中有天相、天空，這是『福空』和『印空』的格局。所以你本身因為內心感覺上、敏感力上被劫財，會常做不競爭、不出力，也不必得到、得財的想法。因此你容易不婚，這是常容易有放棄的念頭所致。只要下定決心去結婚，很快就會結婚了。所以此命格也會是晚婚的人。你的福德宮有『印空』的格局。這是根本不想掌握權力。所以你也從沒想過要確實的掌握財福。

當天府、天空在卯、酉宮入夫妻宮時，你的福德宮是天相、地劫。在你的內心是清高不俗的，你不喜歡談錢財的事，內心世界就是一座空了的財庫，內心就看不到財，自然得不到財。你會晚婚或不婚，一直要別人逼你才結婚。你的福德宮是『劫印』、『劫福』的格局。所以常有人代你做主解決事情。你的財，你的享用也會被別人劫走了。

當天府、地劫在卯、酉宮入財帛宮時，你的命宮中有天相、天空星，表示你本人的思想模式就是『福空』、『印空』的模式。你的想法很天真，不喜歡管事掌權，一切聽別人做主。所以你的財也被別人劫走了。你手邊只剩空的財庫。

當天府、天空在卯、酉宮入財帛宮時，你的命宮有天相、地劫，表示你本人的思想就是一種奇特的，受人節制，侵害自己權力而不反抗的一種放棄的想法，福星被地劫侵害而無福自保。所以在你手中的錢財彷彿財庫被人掏空了一般空空如也。

當天府、地劫在卯、酉宮入遷移宮時，你的夫妻宮中有天相、天空，表示你的環境中是一個被劫空了的財庫，環境中已無財，所以你的內心也沒有福氣。也會用一種放棄權力，聽任別人來決定自己命運的方式來生活。內心是『印空』、『福空』的格式。你會晚婚或不婚。

當天府、天空在卯、酉宮入遷移宮時，你的夫妻宮是天相、地劫，表示你的環境中是空了的財庫，表面上看是一個財庫，但你摸不到財。而你的內心是『劫福』、『劫印』的格式。你會有奇怪的想法，讓自己失去福氣和失去決定的權力。所以更沒辦法掌握財了。你也會晚婚和不婚。

當天府、地劫在卯、酉宮入官祿宮時，你的財帛宮中是天相、天空，這表示你沒有工作的智慧，不想工作或做不長，從工作中也賺不到錢，所以你手中的財福也是空的。另一方面在財運上你根本掌握不了權力，你既不知怎麼賺錢，也不知如何理財。自然錢少財空，很辛苦了。

當天府、天空在卯、酉宮入官祿宮時，你的財帛宮是天相、地劫，這表示你的工作是賺不了多少錢的工作。而且也容易在財少窮困的機構工作。也因此你的財運是財福被劫的命運，你根本掌握不了財。財在跑，人在追，永遠追不上。

當天府、地劫在卯、酉宮入福德宮時，你的遷移宮是天相、天空。這表示你的環境中就是『福不全』，沒福的環境，因此你享用財的機會也被劫走，而辛苦勞碌沒有所獲。你會晚婚或不婚。

當天府、天空在卯、酉宮入福德宮時，你的遷移宮是天相、地劫，這表示你的環境中也是『福不全』，福氣被人劫走，同時也是『劫印』的格局，權力、主控權掌握不到，所以你摸不到財，也得財困難。你會晚婚或不婚。

當天府在巳、亥宮有天空、地劫一起同宮入命宮時，表示其人的思想真是像財庫被人劫空了一般，是虛有其表的一個財庫，裡面一點財也沒有了。其人會有清高脫俗的思想形態，也不喜與人競爭，沒有奮鬥力，得財也不容易，隨命運起伏過一生了。此人易接近宗教，也易入空門。

當天府在巳、亥宮和天空、地劫同宮入夫妻宮時，你的內心是空虛，有不確定的感覺。內心的財空了。你是武貪坐命的人，原本你命中有暴發運，但此時你根本不關心錢財問題。你會終身不結婚，專注事業。也會逍遙一生，遊走各地。

當天府在巳、亥宮和天空、地劫同宮入財帛宮時，你是天相居陷坐命卯、酉宮的人，你的本命『福不全』，又『缺印』，故一生怯懦無成就，再加上手中的錢財賺不進，也存不了，根本沒錢，你很可能要靠別人過日子。最可能靠配偶養你。

當天府在巳、亥宮和天空、地劫同宮入遷移宮時，你是紫殺坐命的人。你的環境中無財，思想上也會空茫或清高，財庫成空，你根本賺不到什麼錢，也很可能不工作。更可能遁入空門，皈依宗教。

當天府在巳、亥宮和天空、地劫同宮入官祿宮時，你是空宮坐命、有武貪相照的人。你會沒工作或做不支薪的工作，或是曾工作，但因改組或裁員，或是機構被裁撤了而導致失業。同時你也會晚婚或不婚。

當天府在巳、亥宮和天空、地劫同宮入福德宮時，你是廉破坐命的人。你的福氣薄，會有突然暴斃，或被人殺死而亡的狀況，亦或是窮困。你無福可享。

廉府、火星或鈴星同宮時

廉府和火星或鈴星同宮時，全都是因為脾氣火爆、衝動。自己智慧不高，能力不好，經營能力不佳，所導致的刑財。不過不算很嚴重。因為廉府同宮時雖天府居廟有財，財並不如紫府、紫府多。本身笨的人再有壞脾氣，刑財都是以衝動而形成的。倘若能忍耐，能按兵不動，也就不會刑財了。所以廉府、火星或鈴星同宮在『命、財、官』、『夫、遷、福』各宮是中等的財，又被刑掉了一點，還剩一點財。只要沒有空劫、化忌、羊陀同宮，就還有一點財，算是還不嚴重的。如有空劫、化忌、羊陀同宮，煞星太多，就真被刑空了。

紫府、火星或鈴星同宮時

紫府、火星或鈴星同宮時，也是因脾氣火爆、衝動而傷財。但紫府皆是穩重的星，又是帝座所管轄的財庫，為國家的財庫，財多、不怕火、鈴肆虐。紫微會壓制火、鈴。故是小刑財而已，無傷大雅。無論在『命、財、官』、『夫、遷、福』出現都一樣。

廉府和地劫或天空同宮時

廉府同宮時，必在辰宮或戌宮。廉府和地劫同宮在辰宮時，在午宮會有貪狼、天空同宮。在辰宮若有廉府、天空同宮。在午宮就會有貪狼、地劫同宮。

廉府和地劫在戌宮時，在子宮會有貪狼、天空。若廉府、天空在戌宮時，子宮會有貪狼、地劫。

是故『紫微在子』、『紫微在午』命盤格式的人，廉府、地劫或廉府、天空在你的『命、夫、財、遷、官、福』之中，而你的『福、命、夫、財、遷、官』（按順序排列）就會有貪狼、天空或貪狼、地劫了。所以無論如何空劫二星都會在你的命格當中發生影響，而這種影響多半是源自你內心的情感、思想模式而形成的某種觀念所導致的。因此這種不切實際不願與人交往，或人緣不佳，機緣失掉，而致使財祿成空的問題，也要從本身思想上著手來改善了，別人是幫不上忙的。

紫府和地劫或天空同宮時

紫府同宮時，必在寅、申宮。紫府和地劫同宮，對宮必有七殺、天空相對照。在卯時和酉時出生的人之命格中必有地劫、天空在寅、申二宮相對照。如此一來，紫府只要和一個天空或地劫同宮，另一顆地劫或天空星必在對宮相照。因此紫府的財就被劫掠一空了。

紫府、地劫或紫府、天空入命宮的人，是頭腦空空，外表長得美麗、氣派，但是空殼子，常有浪費或為人墊錢，十分好心的幫人，但幫不了自己。對錢財守不住，把自己的財散空，沒有理財觀念。因遷移宮是七殺、天空或七殺、地劫。環境中是默默的、笨笨的打拚，卻得不到回報的財，做白工。同時在外面環境中，他也看不到財，不知向何方向，用何方法去取財。這是思想上清高，不願談錢，怕傷感情，傷害自己的面子所致。因此千金散盡而自苦。

紫府、地劫或紫府、天空入夫妻宮的人，是很難結婚的人，工作、事業也不長久。其人會凡事都有灰色、悲觀的思想，或是覺得太麻煩而不做，雖然他們表面上對任何事都有興趣一試（因命宮是貪狼居廟），但想一想又不想做了，沒有意志力和毅力。結得了婚，也要嫁娶到好的配偶，你才能家庭、事業美滿擁有，否則仍有妻離子散、事業落敗之際遇。

紫府、地劫或紫府、天空入財帛宮的人，是根本不會理財、享用之財福也很少之人。你會終日辛勞，而錢財是看起來財運不錯，但進不了財。此種命格的人也容易手握原本價值昂貴的金融證券，或房地產或是珠寶、古董之類的物品，但卻突然這些東西跌停板，突然不值錢了，讓人慨嘆。只要讓這些物品轉手他人，或過到他人名下，又可恢復原來的價值。此人永遠鬧窮，手中無錢，無財產。

紫府、地劫或紫府、天空入遷移宮的人，你就是七殺、天空，或七殺、地劫坐命的人。你的環境看起來富裕高尚，但你腦子空茫且愚笨，你根本看不到財，也不知如何去賺錢。你只有用腦子空想，什麼都不做，只做一個低層次的思想家。很難真正的奮發力去打拚工作，賺你的財。時運好時，你可能會工作，但多半時間賦閒在家，或做一些財利少的工作。只要你的『武貪格』很完整，無傷剋，一生還會有幾次暴發運讓你過舒適的日子呢！

紫府、地劫或紫府、天空入官祿宮的人，你的夫妻宮同時也會有另一個天空或地劫和七殺同宮。這表示你也不會結婚，也沒有事業心。你會隨遇而安，賺錢只為了糊口而已。

紫府、地劫或紫府、天空同宮入福德宮的人，你的財帛宮同時會有另一個天空或地劫星，表示你賺錢辛苦，又賺不到錢，乾脆不賺了。同時你的享用也成空，缺少財。你容易靠人過日子，或做零工生活，工作不長久。

如何掌握你的桃花運

假如你是一個算命的

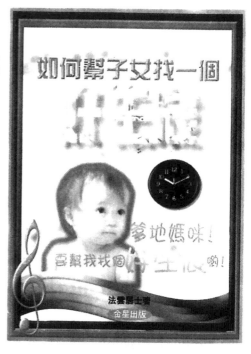

第七章　太陰星和羊、陀、火、鈴、劫空、化忌同宮時的刑財格式

太陰星和擎羊同宮的『刑財』格局

太陰、**擎羊在卯宮時**，因太陰、擎羊皆居陷位，刑剋很重。有財窮、傷殘等現象。**在命宮**，一生不富裕，有傷殘、血光、開刀之現象。是真正的『刑財』命格。**在夫妻宮**，是內心很窮，又會找到窮的配偶，相互怨恨，婚姻不美。**在財帛宮**，手邊常鬧窮，還非常窮，事業無發展。你是甲年生的天梁坐命未宮的人，因遷移宮是天機陷落、陀羅，環境不好之故。

在遷移宮，你的外在環境窮，且爭鬥多。你是溫和怕事的人，會懦弱無

用。你的官祿宮是天機陷落、陀羅，故職低，或常不工作，懶散過日子。

在官祿宮，你的工作是財少，爭鬥又多的行業，根本賺不到什麼錢，而且你常因怕事，或爭不過別人而放棄工作。故財少。

在福德宮，你一生操勞辛苦，無福可享，財福更少。你的本命就是天機陷落、陀羅坐命的人，是故你天生不太聰明，反應力又差，只會落落寡歡把心事藏心底，不會向外找貴人求救。

太陰、擎羊在辰宮時的『刑財』格局

太陰、擎羊在辰宮時，太陰是居陷的，擎羊是居廟位的。仍主窮困，在命宮，有傷災，嚴重會殘廢，是眼目的毛病。但不會像在卯宮時是手足四肢的傷殘。

太陰、擎羊入命宮、夫妻宮的人皆十分敏感，計較感情的厚薄，不會理財，財留不住，因是『刑財』格局之故。此命格的人之夫妻宮為空宮，情感空茫、不深刻，只以當時敏銳的感覺為主要計較的對象。其財帛宮為天機居廟，財運多變化，亦有異外之好運，但留存不住。

乙、庚年生的人，又有太陰化忌、擎羊同在命宮的人，是雙重刑財格局的人。本命更窮，人緣關係和敏感力差，人又計較。會有眼目傷殘的現象。

在夫妻宮，你是巨門坐命的人。你的內心是又窮又計較的人，也會找到窮困、陰險的配偶，相互招災，不和。

在財帛宮，你是同梁坐命申宮的人。你比較懶惰，手中的錢財又少，你的『命、財、官』是『機月同梁』格，故必需有職業領薪水，就能生活平順。

在遷移宮，你是太陽居戌宮落陷坐命的人。你的外在環境很窮，無財，且爭鬥多，也不溫和，沒有情義。你本身會有眼目失明之虞，要小心。

在官祿宮，你是天機坐命子宮的人，工作上財少，且爭鬥多，令你煩心，但你是『機月同梁』格的人，要有工作就會有財進。生活才能平順。

在福德宮，你是陀羅坐命寅宮，有同梁相照的人。你是福窮，會辛勞努力，享受不多，財福皆少。你會做與口才是非、爭擾不斷的工作。

太陰、擎羊在酉宮的『刑財』格局

入命宮時，因太陰居旺、擎羊居陷，你本命中的財被刑剋了，故財會減少，但仍有財。你比較陰險，愛計較，喜歡以情感論事情，重情不重理。你喜歡買房地產，會時有出入，存留不易也留不多。你會有開刀、傷災、頭痛四肢無力等身體不好的現象。

在夫妻宮，你的配偶是溫柔美麗、陰險與你不和的人。同時在你的內心也是極其敏感、衝動，感情用事，愛計較的人。你非常頑固堅持以比較的心態來判斷人和與人交往。所幸你心中還有些財，多愁善感的性格，有時候變成第六感也挺好用的。

在財帛宮，你是略具有一些資財但被刑剋了，所以財不算多。你會以公職或薪水族的薪金過活，但賺錢並不容易。你若以收房租為用度過活，則收房租收得也不順利，常拿不到錢或錢變少了。在賺錢方面你的競爭多，也容易碰上爭鬥之事，要小心應付。

在遷移宮，在你的環境中就是表面看起來溫和、溫暖，有些財的樣子，但是私底下暗濤洶湧，爭鬥很凶。在你的環境中也以女人為多，更以女人爭鬥凶。財也不少，但以爭財之事爭鬥很凶。

在官祿宮，在你的工作上是表面氣氛溫和，又有穩定，可進財，有不錯薪水的工作。但是在工作上，或同僚間爭鬥很凶，讓你很頭痛，你的工作性質也是以賣女性用品、房地產之類爭鬥凶的產品，或是做金融業務爭鬥凶的工作為主。

在福德宮，在你的性情中，表面是溫和，溫文儒雅的，但有奸詐有心機的一面，你天生有一些財，但多煩惱，常想些似有若無的事情，阻礙了你的人緣機會，故而少得財。你是天機陷落、陀羅坐命未宮的人。

太陰、擎羊在戌宮

入命宮時，因太陰居旺、擎羊也居旺，對宮相照的太陽也居旺，故而你是長相美麗，生性活潑，但私下內心愛煩惱，多憂煩，愛操心的人。太陰和擎羊是『刑財』格局，財會變少。你的夫妻宮是陀羅，表示你常有心事藏心中不願講出來，容易有憂鬱症，也易自殺。以前自殺的影星于楓便是此命格的人。你會有開刀、眼睛不佳、頭痛等症狀。

在夫妻宮，配偶是溫柔、美麗、外柔內剛之人，愛計較，夫妻不和。同時在你的內心也是有時溫柔體貼，特別敏感，有時計較的厲害，而不講道理，不可理喻。

在財帛宮，你是做公職或薪水族的人，但在賺錢方面時遇阻礙，常有凶惡的力量阻撓，進財不順，有時你會被減薪，或失去工作，或貼錢進去，使自己的財變少了。你的理財能力不佳。你也可能靠收租或做房地產來生活，但常不順，有時收不到錢，或房子賣不出去，你也可能在金融機構工作，但錢常算錯，錢和房地產和女人都是讓你頭痛的東西。

在遷移宮，你是辛年生的太陽坐命辰宮的人。在你的周遭環境中，就是表面看起來溫柔多情、感情細膩、敏感的環境，但暗地裡爭鬥多。而且女性的爭鬥特多，女子對你有刑剋、不和的現象。同時在你可用的財也被減少了。

你周圍的環境是有錢的地方，但你花不到太多。

在官祿宮，你是辛年生天機坐命午宮的人，你是薪水族或公職人員，在你的工作上會給你帶來不錯的薪資，但有時會減少。你的工作上多爭鬥，是暗濤洶湧的狀況，令你很煩惱。有時你會放棄不想工作。你也很可能在金融機構、房地產業等爭鬥多的地方工作。在工作上，與你不合、會刺弄你的是女人和錢，你永遠對這兩樣東西是又愛又恨的關係。

在福德宮，你是陀羅坐命有同梁相照的人，你一生為錢、為女人煩心，你表面看起來笨，但內心卻十分敏銳和敏感。你的財帛宮是巨門化祿，要進財祿，用是非口舌可賺進不少。刑財格局在你的福德宮中會讓你操煩不斷，且享用少，或壽命不長。

同陰、擎羊的刑財格局

同陰、擎羊在子宮

天同、太陰、擎羊在子宮時，天同居旺，太陰居廟，擎羊居陷。天同是福星，太陰是陰財星，擎羊是刑星。同陰皆是溫和的星，特別怕凶煞之星來刑剋，因此財會刑掉一大半。

在命宮，其人會外表美麗、溫和，但聰明、計較、口齒厲害。因有刑財，故時有破耗，也易有開刀、傷災之事，但不嚴重。會以薪水族，公務員維生，一生辛勤工作，有固定的薪資，薪水不多，足夠生活而已。

在夫妻宮，你是陽巨坐命寅宮的人，你的配偶是溫柔、美麗，下巴尖尖的人，非常愛計較、小氣。同時在你的心中也是略有陰險計謀，但又時有細膩溫柔情感的人。夫妻之間略有嫌隙，多忍讓亦可幸福。

在財帛宮，你是機梁坐命的人。你是公職或大機構、企業體中薪水階級的人。你有穩定的薪水，但常有事件影響你進財，例如換職業、工作等事。你的財運常有時不順，會遇到競爭阻礙，或有人向你要錢，指父母向你要錢，故你有時會不夠用。你的理財能力需加強。

在遷移宮，你是空宮坐命的人。你外在的環境是看起來溫和、柔美、財多的環境，但時有爭鬥，因此財也較少了。同時你也是個內向、貌美，有心機、愛煩惱的人，也影響到你的財。

在官祿宮，你是空宮坐命，有陽巨相照的人。你的福德宮中有陀羅，故表示你在智慧上並不太好。雖是薪水族，常換工作或停頓，使賺錢不順或不豐，這是因為你的腦子想法有問題，以及懶惰的原因所致。

在福德宮，你是陀羅坐命戌宮，有機梁相照的人。你的外表溫和，表面看起來聰明，實際內心很笨。常煩惱、內向，內心古怪。你的財運一直不好。一定要有工作，財運會順利。你命中的財是因思想偏激的關係，常愛自作聰明而敗財、耗財，或進不了財。

同陰、擎羊在午宮

天同、太陰、擎羊在午宮時，天同和擎羊是居陷位的。太陰居平，其實和居陷位差不多，都是財少。三星同宮時有擎羊相刑，財更少，為貧窮的層次了。

在命宮，本命就是窮命，且多傷災、病痛、開刀之苦。其人財帛宮是空宮，官祿宮是機梁，皆不主財。要有工作，就有生活之資。

在夫妻宮，是內心很窮。你是陽巨坐命申宮的人，你的財帛宮是陀羅。賺錢的方式很笨，且會拖拖拉拉，會用做粗工的方式來賺錢，而且常拖拖拉拉的不進財，財常不順。這是聰明度不足，想法、觀念不好，要多學習賺錢的技能，多唸點書，人就會聰明一點。但此命格的人多半不愛學習，故常自困於貧窮之中。

在財帛宮，是手邊的財很窮困，且多爭鬥、爭財的狀況。你是機梁坐命戌宮的人，還移宮是陀羅，表示在你的環境中是破敗、笨拙、窮困、凶悍、混亂、低下的層面，你本人也不會太聰明或有智慧，所以你是在一個窮困、低下、財少的環境中討生活，自然財窮了。

在遷移宮，你是空宮坐命子宮的人。你的外在環境很窮，命宮又無主星，表示人的思想空洞、無中心思想，你會隨環境起伏而茫然。你的官祿宮是陀羅，做軍警武職佳，可有平順的生活。否則會做低下、粗重、雜亂、財不多的工作。環境中財少也賺不了什麼錢。

在官祿宮，你是空宮坐命寅宮有陽巨相照的人。你的福德宮是陀羅，故你天生不聰敏，在工作上會做文職財少的工作。財帛宮是機梁也不主財。有工作、有薪水，生活就過得去。

在福德宮，你是陀羅坐命辰宮，有機梁相照的人。一生財少，操勞不斷，中年以後懶惰不工作會更窮。

日月、擎羊的刑財格局

太陽、太陰、擎羊在丑宮

當日月、擎羊在丑宮時，太陽居陷、太陰居廟、擎羊也居廟位。故此格局以財為主，為官不利，但又有擎羊刑財，財仍有，會減少，不豐富。

入命宮，其人會長相臉較修長，眉宇深鎖，有憂愁之貌，性格表面溫和、多愁善感，特別敏感、計較，人緣不佳、內向，不太與人說話。其人夫妻宮有天同、陀羅，故其人內心較懶、較笨，不太愛動，也不愛工作，故財少。你會眼目不好。

入夫妻宮，此人是機巨坐命的人，會有多次傷心戀情。亦會找到情緒起伏大，陰柔、計較、陰險，和你不和，常有敵對狀況的配偶。同時此人的心中也是情緒不穩定、陰險、計較、愛怨人、報負人、心態不佳的人。他的財帛宮是天同、陀羅，做公教職或薪水族較佳，仍常有薪水慢發或財不順、減少之苦。

入財帛宮，你是天梁陷落坐命巳宮的人。你需有工作則會進財，但你常不喜工作，愛享福，故也財不順。你的遷移宮是天同、陀羅，可見環境造就你是一個懶惰又笨的人。故財少。

入遷移宮，你是空宮坐命未宮，有日、月、羊相照的人。你外在的環境不佳，前途不明朗，有一點錢財，但常有凶惡之人或凶事劫財、刑財。你也不喜歡工作。你若有工作，可運用智慧得財，會順利有好日子過。一生傷災、血光不斷。你會眼目不好。

入官祿宮，你是空宮坐命酉宮，有機巨相照的人。你在工作或事業上升職不易，卻略有一些錢財，但爭鬥多，也會進財不順。你的福德宮是天同、陀羅，表示你很溫和，有點笨和懶，環境中是非又多，所以你常想放棄不做了，故財少。

入福德宮，你是天同、陀羅坐命亥宮的人。你本人不聰明，又懶又笨，但很愛傷腦筋，想一些偷懶、享福、是非之事，或做些無謂的煩惱。你是『刑福』又『刑財』的格局，操勞的是玩的事。你會眼目不好。

日月、擎羊在未宮

入命宮因太陽居得地之位，太陰居陷，擎羊居廟。故此命格主要刑的是事業運。也因財星太陰已陷落，而無財了，故其人情緒不佳，人緣不好，多陰險，容易把別人想成壞人，好意也想成惡意。其人的夫妻宮有天同、陀羅，故其人內心是又懶又笨的形態。遷移宮又是空宮，環境中是空茫一片，前途茫茫，沒有目標，一生財少。

入夫妻宮，你是機巨坐命酉宮的人。你的財帛宮有天同、陀羅，這表示你內心很窮，內心又多爭戰，故在賺錢上是又懶又笨，只會找簡單容易的方法去賺，故財少。有工作就有財進。財常拖延不易進。

入財帛宮，你是天梁坐命亥宮居陷的人。你手中的錢少，又常遭人爭奪、爭鬥，賺錢不易。你的環境中造就你懶惰和笨，故你常不工作。沒有工作便沒有財，也不易生活，你全靠人生活。

入遷移宮，你是空宮坐命丑宮的人。你的外在環境不佳，財少，又與女性不合，多爭鬥。你的貴人是男性，並且有工作，有事業就有財。但工作中多是非、變化和競爭。對你不好的都是女性。

入官祿宮，你是空宮坐命卯宮，有機巨相照的人，你在工作中常遇到對手競爭或爭鬥，而且這些對手都是女性。工作中前途看起來是好的，但財不多。你必需很努力，有固定的工作才會生活順利。你常會因為情緒問題而辭職，工作不長久。

入福德宮，你是天同、陀羅坐命巳宮的人。本身是『刑福』的格局，福德宮又有日、月、羊，本命中財少，又被刑剋。你的財帛宮是空宮，官祿宮是機巨，多變化和是非。若你能堅持，忍耐去工作便有財。可惜你是懶惰又笨的人，可能永遠無法想得通。

太陰、陀羅的刑財格局

太陰、陀羅在辰宮

太陰、陀羅在辰宮，是太陰居陷、陀羅居廟，這主要是因為笨的頑固、敏感力差，而財運不好。陀羅刑財是慢慢將財磨掉的方式。擎羊刑財，是直接刺破、毀損，比較嚴重，比較起來，陀羅刑財是拖延，是慢，比較不嚴重。

入命宮，其人為內向、溫和、頑固之人。理財能力不好，學習能力差，頭腦不清楚，知識程度不好，動作慢。喜躲在人後，環境也不佳，而造成命格耗財。

入夫妻宮，是內心缺財，敏感力不佳，心性較慢較笨。同時也會找到財少、又笨的配偶。你是巨門、擎羊坐命午宮的人。你本性愛計較，多是非，但卻用笨方法來賺錢。故財窮。

入財帛宮，是手中財慢進，拖拖拉拉，進得少。你是同梁坐命申宮的人。你的夫妻宮是巨門、擎羊，故你是天生懶惰，心中又愛計較，多是非，卻自己不努力的人，故財少。

入遷移宮，你是太陽坐命戌宮居陷的人。你的環境中就是財少窮困，且多爭鬥、爭財的環境，所以賺錢不容易。官祿宮是空宮，做事不長久，故財少。

入官祿宮，你是天機坐命子宮的人，你的遷移宮中有巨門、擎羊，你是因環境不好，多是非、爭鬥，是故你在工作上也賺不到較多的錢財。錢財也常因智慧不足而慢進或耗損。你會做財少，較粗重、低下的工作。

入福德宮，你是空宮坐命，有同梁相照的人，你本命中財不多，頭腦也不好，官祿宮是巨門、擎羊，財帛宮是太陽陷落。在工作上多是非爭鬥，進財不順利，也常失去工作。財少。

太陰、陀羅在巳宮

當太陰、陀羅在巳宮時，是雙星俱陷落的位置。故多是非、敏感力不佳，又頑固、愚笨、人緣不好，機運拖延，人也較笨，知識不足，是窮困的格局。

入命宮，其人是財窮、又懶、又笨，人外表溫和，但性格內向、頑固、人緣不好，機運不佳，財少，一生較窮困。其福德宮有同、巨、羊，本身會有殘疾，要開刀。臉、頭有破相，身體不佳。養好身體，財會多一些。

入夫妻宮，你就是同巨、擎羊坐命的人，你會有傷殘現象，而且是外表溫和，但內心奸詐多是非的人。你心中財少，又笨，因此用盡心機，也不會有多少財。你會靠人過日子。

入財帛宮你是陽梁坐命酉宮的人，你的手中常財窮。你的官祿宮是空宮，夫妻宮是同巨、擎羊，是因為內心有不好的想法，不想工作，而造成財窮的。

入遷移宮你是天機居平坐命亥宮的人。你的環境中就是財少，窮困、是非、雜亂的環境。在你周圍全是敏感力不高，有些笨，也不夠溫柔，體貼的人，甚至是又笨又凶的人。環境不好，因此讓你賺錢不易，財少。

入官祿宮，你是空宮坐命丑宮，有同巨、擎羊相照的人。你會有殘疾在身而無法工作，或工作不長久，工作又是財少、職低的事情。故而一生窮困、財不多。

入福德宮你是空宮坐命卯宮，有陽梁相照的人，你本命財窮、智慧也不高，財、官二宮也在陷位且不帶財，故能力不足，而財窮。

太陰、陀羅在戌宮

太陰、陀羅在戌宮時，太陰居旺、陀羅居廟，其人會稍粗壯，但仍是刑財的格局。不過不嚴重，只是慢進，拖延進財，有些耗財，人會笨一點而已，無大礙。

入命宮，其人是溫和、內向，頭腦有些笨的人。你的福德宮有巨門、擎羊，故一生多是非。你仍有一些財，但財的是非多，也會耗財，錢難進，有拖延之勢。你本身就是個拖拖拉拉、慢吞吞的人。本身是『機月同梁』格，有工作就有財，喜歡買房地產。少東想西想的，財就會多一些。

入夫妻宮，你是巨門、擎羊坐命的人。你多是非而陰險，頭腦不清楚，內心常有敏感而笨的想法，心中的財被磨掉了，倘若再有火星在『命、財、官』之中，你會自殺而亡。總之你的身體也易有傷殘現象，要小心身體。

入財帛宮，你是同梁坐命寅宮的人，財是有，但常拖延不順。你的夫妻宮是巨門、擎羊，表示你會有陰險多是非的配偶，夫妻感情不佳，爭吵多，相互剋害。同時在你的內心中也會有不好的想法，太計較，挑剔，注意小節，嚕囌，因此讓財進不來。你應該注意大事，而不是旁枝末節的小事，才會賺到錢。

入遷移宮，你是太陽居旺坐命辰宮的人。你外在的環境中是溫和、內向、頑固，有事不說出來，躲躲藏藏、頻有是非，讓你煩惱討厭。看起來周遭環境中的人都很笨，財也不太多的樣子。你的財進得慢，因為你的財帛宮是巨門，多口舌是非、糾紛，要以口才來賺錢。官祿宮是空宮，工作奮發力不足，故財受到阻礙。

入官祿宮，你是天機坐命午宮的人。遷移宮有巨門、擎羊是因為環境不好，多是非、爭鬥，故賺錢少。你要做薪水族，事業雖稍有不順，也要堅持，就會有財進。

入福德宮，你是空宮坐命，有同梁相照的人。你的腦子笨一點，敏感度遲鈍一點，但財、官二宮尚好，你命中的財雖有耗弱，但不嚴重，仍有財。

太陰、陀羅在亥宮

入命宮，因太陰居廟、陀羅居陷，所以此人外表還美麗，有些笨，喜歡感情用事，內向。本命中還有些財，但操勞，多是非。其人福德宮為同巨、擎羊，也易有傷殘現象。有『陽梁昌祿』格的人會有好的前程和富足的生活。否則易為感情所困，會自殺。

入夫妻宮，你是同巨、擎羊坐命的人。你會身體有傷殘現象。你的內心敏感，凡事慢性子，有點笨，喜歡自苦、多想多慮，福不全。會擁有溫和、內向、話不多，敏感的配偶，配偶的經濟能力普通，你會靠配偶生活。

入財帛宮，你是陽梁坐命卯宮的人，你是夫妻宮有同巨、擎羊，故你會內心煩亂、計較、多是非而影響到你的財運。不過你還是會有不錯的經濟能力的，只是錢財常有拖延慢進的形態。有『陽梁昌祿』格的人會做公職，有官位。

入遷移宮，你是天機居平坐命巳宮的人。你的財帛宮是同巨、擎羊，表示在你的環境中雖是有財，但不多。你周圍的人都是富有細膩的情感，但內心有話藏心底，有內心矛盾，是看起來有些笨的人。你手中的錢財常不順，又多是非。官祿宮又是空宮，故你會靠人過日子，工作時間不長。

入官祿宮，你是空宮坐命未宮，對宮有同巨、擎羊相照的人。你會有傷殘現象，你外在的環境不佳，多是非、爭鬥。你的財帛宮是陽梁居廟，官祿宮中有太陰化科、陀羅，所以你會有貴人運助你在工作上發展得財，財並不特多，但穩定發展。有『陽梁昌祿』格的人，成就會更高，財也更順利又多一點。

入福德宮，你是空宮坐命酉宮，有陽梁相照的人。你的官祿宮是同巨、擎羊，財帛宮是天機居平，故你的『命、財、官』皆不算好，但你的環境卻十分好，有貴人相助，父母就是你的貴人，子女也是你的貴人，你一生享受還不錯，不太工作，都有人養。

日月、陀羅在丑宮的刑財格局

太陽、太陰、陀羅在丑宮時，太陰和陀羅皆居廟，而太陽是陷落的。

入命宮，此人是情緒起伏，性格又悶悶的、寡歡、頭腦有些笨的形態。因其人的遷移宮是空宮，外面的環境一片空茫。其福德宮是機巨、擎羊，是故是非多，煩惱多，心身操煩，又不能停止，刑財的狀況是因為頭腦不精明、受困所形成的。

入夫妻宮，表示其配偶是情緒多變，內心頑固又笨、性格悶悶的人。同時也表示你的內心也是內向，愛多想，不開朗，多計較，是非多，內心不清閒的人。你是機巨、擎羊坐命的人。

入財帛宮，你是天梁陷落坐命巳宮的人。你的夫妻宮會有機巨、擎羊，表示你內心計較、多是非，喜搞怪，不愛做事，喜投機取巧，故財運不佳。有慢進財，且財運不明朗之象。

入遷移宮，你是空宮坐命未宮的人。你外在的環境中就是一種與男性不和睦，男性不喜歡你，而女性與你較融洽，周圍的人全是有些悶悶的、笨的人。並且在你的環境中是以賺錢較佳，升官不易的環境，賺錢也是常有拖延遲緩的狀況。

入官祿宮，你是空宮坐命酉宮，有機巨、擎羊相照的人。在你的環境中多是非、爭鬥，是故在工作上你比較怕人，會躲在人後，做幕後或幕僚工作，不喜出風頭。工作會為你帶來財，你是薪水族的人。有時財也會有遲緩的情形。

入福德宮，你是天同坐命亥宮的人。在你的官祿宮會有機巨、擎羊，工作上多是非、競爭和爭鬥。而你喜歡享福，你是溫和命格的人，故你會選擇退讓，命中的財會少一點。

機陰、陀羅在寅宮的刑財格局

太機、太陰、陀羅在寅宮時，天機在得地剛合格之位，太陰居旺，陀羅居陷位。因此這是一種變化多端，有一些聰明可以得財，但又自作聰明反而做笨事，多耗之財，或是阻礙了讓財進的狀況，財反而拖延慢進或減少了。

入命宮，其人是長相聰明，討人喜歡，相處以後又覺得他笨的人。他的情緒不穩定，有時悶悶的，不開朗，外表尚稱文質彬彬。因為其人的福德宮有巨門陷落、擎羊，所以此人會喜歡煩惱、頻頻製造是非，讓別人都怕了他了。讓旁觀者看了，真不知他是聰明還是笨了。他一生操煩，最後是想得到的得不到。

入夫妻宮，其人是巨門陷落、擎羊坐命辰宮的人。他是口舌是非多、便佞的小人。內心奸詐多陰謀，愛挑起爭端，情緒多變不穩定，最後搬石頭砸自己的腳，讓別人都怕了他。他是心裡笨而刑財，本命中又少財。他的財帛宮是太陽陷落，官祿宮是空宮，財星只在他的夫妻宮，因此他是靠配偶生活的人，但又做笨事傷害自己的財。不過他還是會找到一個笨人做配偶，來吃他這一套。他的配偶也會賺錢比普通人少一點。

入財帛宮，其人是天梁坐命午宮的人。他的夫妻宮有巨門陷落加擎羊，是故因內心險惡多是非，而把自己原本起伏的財運更磨掉了一些。

入遷移宮，其人是空宮坐命申宮的人。在他的外在環境中是一種變化多端，有一點人緣，有一些財的。但是人緣有時會有變化，財也會遲延。他周圍的人多半是情緒起伏不穩定，有些笨，但略有錢財的人。

入官祿宮，其人是天同居平坐命戌宮的人。因遷移宮是巨門陷落、擎羊，外在的環境不好，多是非災禍和爭鬥，故在工作上多起伏變化，雖能賺得一點錢，但是常換工作、調職、離職，因此財會少或耗弱。

入福德宮，其人是太陽坐命子宮居陷的人。你的『命、財、官』都不強，財帛宮是空宮，官祿宮是巨門陷落、擎羊，事業上多是非、爭鬥，而且做不長。所以你天生的財福少，又多變化，人的智慧也略差，性格不開朗。若有『陽梁昌祿』格的人，多讀書有高學歷可改善人生，財也會多一些。

機陰、陀羅在申宮的刑財格局

入命宮，因天機在得地剛合格之位，太陰居平、陀羅居陷。因此你是個情緒多變，頭腦並不聰明，人緣不佳，心情不開朗的人，並且比較窮。你是『機月同梁』格的人，要有固定的薪資工作，才會有財。若有『陽梁昌祿』格的人，會財多一些，收入好一點。

入夫妻宮，你是巨門陷落、擎羊坐命戌宮的人。你的配偶賺的錢不多，有些窮，並且情緒不穩定，不開朗，頭腦也不好。同時你的內心中也較窮，心情善變，計較、多是非，彼此怨懟，你和配偶感情不佳，但不見得會離婚。

入財帛宮，你是天梁坐命子宮的人。你手邊常財窮，而且進財不順常拖延緩慢。你的夫妻宮是巨門陷落、擎羊，福德宮又是空宮，故財福缺失，自己又心中多是非，小氣吝嗇又奸詐，是你自己讓自己財窮，你會離婚，夫妻不和。

入遷移宮，你是空宮坐命寅宮的人。你外在的環境是財窮的狀況，且起伏變化多端。狀況不太好，你外界的環境中多半是看起來聰明，但又會做笨事，財少，情緒不佳的人。你在這些人之中生活，當然財也變少了。

入官祿宮，你是天同坐命辰宮居平的人。你的遷移宮中是巨門陷落、擎羊，故你的環境不佳，多是非災禍和爭鬥，所以你在工作上常做不久，會離職、調職、換工作，是故財少。你工作的內容也是奔波勞碌型，而且是粗重、職低的工作。

入福德宮，你是太陽坐命午宮的人。你的官祿宮有巨門陷落、擎羊，工作上是非多，爭鬥多，也常遭災、離職或換工作，所以你的財福少。你的心情會變化，思想上有某些想法，會造成你有笨的、勞碌的形態的生活，但財真的不多。

太陰和火、鈴、化忌、劫空同宮的刑財格局

太陰是溫和、柔美、文弱的星，和火星、鈴星等煞星同宮時，仍是會刑財的，是因為衝動、粗魯、急躁、火爆而造成刑財，表面上不會太嚴重，實際耗財凶，沒有節制。太陰居旺逢火、鈴時，會因急躁，而耗財略多一點，太陰居陷逢火、鈴，刑財更凶，且有傷災出現，或有傷殘現象，故更凶，更窮。太陰是五行屬水的星曜，火、鈴星是五行屬火的星曜，水火不容故刑財。

太陰和化忌同宮的刑財格局

在乙年、庚年生的人有太陰化忌。化忌是多咎之星，主是非、災禍，不吉。太陰化忌，主與女人不和，錢財上有是非、困難、財不順，薪水拿不到，

存不住錢，房地產有糾紛，身體不佳，虛弱、有腎虧、陽萎、不孕等症。要看太陰化忌在那一宮，以及太陰的旺弱而定。**太陰居旺居廟時**，化忌也會居旺、居廟，**太陰陷落帶化忌**，化忌也是居於陷落之位了，就是財又少，更增加是非糾紛的災禍。太陰雖在亥宮稱為『變景』，為『化忌而不忌』，但仍有和女性的口舌是非，以及財方面有糾紛、糾纏的情形，只是尚有一定數量層次的財，是有錢打官司的，不是無錢（窮）而打官司就處於必定的敗地了。

所以太陰化忌，就算是在廟地表面說是『化忌不忌』，仍是有耗財、刑財的情形，只是大家故意忽視它，希望它真的化忌不忌。既然是忌星，在亥宮水宮，只是化忌如魚得水，化忌在好的位置上，動亂的情況稍好一點，不隨便作亂了，那裡就真的會變沒有了呢？所以說『化忌不忌』、『變景』之類的話是假的。只要你多印證，就知道太陰居廟化忌在亥宮，仍是帶有耗財、官非，與女性不合，有糾葛的狀況了，只是沒有在巳宮位那麼嚴重罷了。太陰居陷化忌就真的很嚴重了，本身窮，又多是非，更不順。

太陰和地劫、天空的刑財格局

太陰在卯宮和地劫或天空同宮時，未宮有天梁和另一個天空或地劫同宮，這是『刑財』又『刑蔭』的局面。太陰在卯宮已經陷落，無財了，再逢空劫，更是窘困空無，貴人運又被劫去，連一點救助的力量都沒有了。所以這兩個『刑財』和『刑蔭』的格局，不可在人的『命、財、官』、『夫、遷、福』等宮出現，否則就會由其人頭腦中之思想所演變造就出來的刑財、耗財主宰了人的一生。倘若在父、子、僕、兄、疾等閒宮尚無所謂，只是六親關係不好而已。

太陰在辰宮與一個地劫或天空同宮時，在午宮有另一個天空或地劫和巨門同宮，這是財少被劫空，也少是非口舌，也很好。但口才的力量被削弱了，其人不太願意外出用口才利器去取財，得財，這也是麻煩的事。倘若你又是做生意的人、老師、推銷員、民意代表，你就會工作受到阻礙鉗制，無法向外發展，財就更少了。

太陰在巳宮與天空、地劫三顆星一起同宮時，太陰本身陷落無財，天空會讓其本身空洞無所留，而地劫是外來劫財。這使本來窮困的境界更雪上加霜，已經沒有錢財了，還要來劫空，怎麼辦？只有血光、傷災和性命可劫去了。所以太陰、天空、地劫三星一起同宮時易喪命。再有化忌，或逢羊、陀相夾，如丙、午年所生者，又生於午時之『紫微在子』命盤格式的人，就會碰到『半空折翅』的惡格，而命歸黃泉了。只要算好易遭難的時間，加以小心躲避，再找運氣好的人做貴人相伴，也可躲過一劫。

太陰、地劫或天空在酉宮同宮，則在丑宮會有天梁和另一個天空或地劫同宮，此天空、地劫剛好在三宮位上相照守。因此只要是在『命、財、官』、『夫、遷、福』等宮位中，其人就會是因自己頭腦中的想法是灰色的，放棄的而不在乎財，而財少了。當然這也是刑財的一種。同時他也不喜歡別人管他，太照顧他，覺得會有壓力，故而躲避長輩的關心和好意，這就是『刑蔭』了。自然在有一天他突然想要別人幫忙時，而四顧無人，貴人無蹤，而自嘆了！

當『刑財』和『刑蔭』的格局在父、子、僕、兄、疾、田等閒宮時，實際上就是六親宮的刑財和刑蔭，自然少了家族力量的幫助，只要你的命格夠強、夠硬，沒有家族力量的幫忙也能得財，那就不怕此刑財和刑蔭的格局了。例如殺、破、狼命格的人，太陰和天梁星皆在父、子、僕、兄、疾、田等宮，縱使有劫空同在，他們就不怕這種刑財和刑蔭。因為他們肯定會外出奮鬥，並不會拘限在家庭的小框框格局裡，只有機、月、同、梁命格的人才最怕這種刑財和刑蔭的格局，那會讓他們一生失去了家庭的輔助照顧，命格多桀。

太陰、地劫或太陰、天空在酉宮或戌宮出現，太陰皆是居旺的，有一個天空、地劫出現時，仍會有一些財，但會耗財、留不住。最後也成空。這是富裕而被劫財，不像在卯、辰宮是窮再遭劫。

太陰和地劫或天空在戌宮時，子宮也會出現另一個天空或地劫和巨門同宮，這也會造成財的耗弱，情感上的空茫，敏感力不佳，雖少是非，但口才也不會運用了，比較孤獨，不愛運用人緣關係和機緣會空無。

太陰在亥宮和地劫、天空三星同宮時，太陰雖是廟旺，但有劫空二星同宮，仍會劫得一空，這是外觀美麗、溫柔多情的空殼子，但腦袋空空，財也空空，思想清高、脫俗，不愛錢，自己不要財的形態。

同陰在子宮遇一個地劫或天空時，在戌宮有另一個天空或地劫星在空宮獨坐。同陰在午宮遇一個地劫或天空星時，在辰宮的空宮中也會有另一個天空或地劫。所以這個形成就會成為『命、夫』、『夫、財』、『財、遷』、『遷、官』、『官、福』、『福、命』等宮會有空、劫二星出現了。如此一來，全都影響其人思想成空，想放棄，對財不積極的狀況，這就是個人思想上『刑財』所致了。

日月和地劫或天空同宮時

日月和地劫或天空同宮在丑宮時，在丑宮空宮中會有另一個天空或地劫星。當日月和一個地劫或天空星在未宮同宮時，則有另一個天空或地劫星在卯宮的空宮中獨坐。這一對地劫、天空就是處於三合宮位之中了。因此最好不要在『命、財、官』、『夫、遷、福』之中，否則也是因為個人思想上刑財，而使財空的狀況。

機陰和地劫或天空同宮時

機陰和一個地劫、天空同宮時，必有另一個地劫、天空在對宮相照時，都是『刑財』、劫財。不但財沒有了，運也沒了。因為天機是『運星』，故也是『刑運』的格局。此格局中雖地劫、天空會讓天機沒有了變化，天機會穩定不動、老實成空了。但是天機本身就是動星，而且天機和太陰同宮時是處在得地合格的旺地，會愈變化愈好的。阻礙了它的變化，也刑去太陰的財，就會愈變愈窮，那就不妙了。故機陰、劫空，四星相對照時，情況是靜止不動，而讓人擔憂的，機陰所造成的勞碌也沒有了，懶惰了，不動就沒有財進，十分痛苦。

紫微成功交友術

成功的人都有成功的好朋友！
失敗的人也都有運程晦暗的朋友！
好朋友能幫助你在人生中『大躍進』！
壞朋友只能為你『扯後腿』！
如何交到好朋友？
好提升自己人生的層次，進入成功者的行列！
『交友成功術』教你掌握『每一個交到益友的企機』！
讓你此生不虛此行！

紫微幫你找工作

『男怕入錯行，女怕嫁錯郎』。
現在的人都怕入錯行。
你目前的職業是否真是適合你的行業？
入了這一行，為何不賺錢？
你要到何時才會有自己滿意的收入？
法雲居士用紫微命理幫你找出發財、升官之路，並且告訴你何時是你事業上的高峰期，
要怎麼做才會找到自己有興趣的工作？
要怎樣做才能讓工作一帆風順、青雲直上，沒有波折？
『紫微幫你找工作』就是這麼一本處處為你著想，為你打算、幫助你思考的一本書。

第八章 審命、改命，替自己創造一個新宇宙

各種『刑財』的格局講完了。有關於『刑運』、『刑印』、『刑蔭』、『刑福』等格局，因篇幅有限，將另書再討論。

看了以上這些『刑財』的格局，你會有什麼感想？你有沒有發覺到一個共通點？那就是所有的有『刑財』格局的人中，大多是因自己頭腦、思想上對財的看法有問題，有灰色、放棄的思想，或想法偏頗，避重就輕，看不到真實的、實際的取得到財的真正方法。再加上理財觀念不佳，耗財多，不會理財，所造成的財少或窘困的現象。當然其中還有些人是天生的環境不好，在環境或爭鬥多的地方取財，自然得財也少了。

命局中有一、二個刑財格局，還不算問題大，你會有中等以上的富裕生活。若有三、四個財星、祿星、運星、印星、福星、蔭星全都被刑了，便麻煩大了。無運、無權、無福、無貴人、無財祿的人生就過得乏味而痛苦了。

改命就是改思想

要改命，首先就要從自己的思想來改起。命局裡面有刑財格局的人，又多半會護自己的短，不肯認清、承認是自己頭腦有問題。這就沒法改了。

倘若你肯放下身段，放下固執深鎖牢固的頭腦中的想法，想一想自己為什麼財不多？為什麼過日子過得比別人苦？問題在那裡？錢為何留不住？問題在那裡？能真誠的對待自己，評價自己，刑財的問題就能得到改善了。

有的人覺得為什麼財不順，運氣壞呢？一定是自己的名字不好！於是花了很多錢，到處找人改名字，耗了不少財。有的人以為是風水不好！找人看風水，重新裝璜，又花了許多錢，這也耗了不少財。可是就沒有人真正的想到是：自己的腦袋不好，該換一個腦袋的！也沒有人真正想到是自己的知識水準不好，趕快多讀書，增加一些知識技能，好開拓財源的。所做的事只是繼續在耗財、刑財，這人的財運又怎會好呢？

一般我們講改名字、改風水都是輔助的方法。要真正頭腦清楚，辨得出財祿方向的人，知道如何是自己取財最佳方法的人，才會聚財、財多。再稍加名字、風水的輔助就更是如魚得水而發富了，而找得到財祿方向的人，本身運氣就好了，聰明智慧也會特別清晰，選一次名字或風水就夠了，也不會天天在改名字、看風水了。

所以這些名字一直改，改也改不完、改不好的人，和那些風水一直找人看，看也看不完、改不完的人。最該改的是頭腦，而不是名字和風水了。等你頭腦變好了，看事情看得清楚、明白了，自然運氣也變好了，也找到好名字，也找到好風水了，這不是沒有可能的！在人運氣較好之後，財多一點，錢財、行事順利的時候，人自然就變聰明了。也看得清事實的真相了。所以這是一個循環的模式。頭腦不清，運氣不好，找不到好名字、好風水。名字和風水皆無用。沒有好名字、好風水，又使人運氣更壞。更壞又更笨。更笨又更耗財、刑財。又去找人算。

看『紫微改運術』就能改命

既然這是一個循環帶的關係，你就可從中間挑起，從不花錢或少花錢的一頭做起，先沈澱自己的思想，回顧自己所經歷過的人生，那些是快樂的事情？那些是傷悲的事？那些時候有錢？那些時候沒錢？找出年份、月份。像我所寫的『紫微改運術』中所教導的，列出一張自己的運命線圖表出來。自我多做檢討，自然能找出問題的癥結，然後再對症下藥。

在命格中『刑財』格局刑到的是『財』的，就要量入為出，勤儉過日子，多闢財源，勤奮賺錢了。

若刑到的是人緣、親緣，有孤獨或與家人不合的狀況，改變自己的心態，多鼓勵自己走出去和人多接觸，慢慢的改善。和家人不合的人，可保持適度的和家人相處的距離，但不可絕緣。因為六親關係在人的命局中佔有一半的份量，很多人的財是源自於六親關係之中的。六親無緣便沒有了那一方的助力，像人被砍去手腳一般。

家庭親緣在人命財祿中佔有重大的份量

在醫學上，有些人傷殘了手或足，或因病截肢，都是要儘量多保留一點，儘量不要全部截去，以便將來復健時恢復得快，或易於裝義肢。人的六親關係也一樣。某些人家中和父母、兄弟、夫妻、子女不和有怨隙。也不能完全不顧不理，視若路人。和父母不和，少了蔭庇，少了和長輩、上司、師長的緣份，也少了老天爺的庇佑。和兄弟不和，少了兄弟之情誼，少了手足的並用幫忙。就像缺了胳臂，缺了一隻腿一般。和配偶不和，人生中屬於感情幸福這一方的半壁江山會失去，甚至更影響到得財、事業那一方的江山。有些人的財在夫妻宮，例如命宮中有巨門星的人，夫妻宮都有太陰，太陰是陰財、蔭財、儲蓄的財，故財在夫妻宮。例如命宮中有貪狼星的人，夫妻宮都有一顆天府、財庫星，所以他們的財庫都在配偶那邊。例如破軍坐命子、午宮的人，夫妻宮是武曲居廟。他們的財都在夫妻宮，仰賴配偶間的通力合作而生財。要是夫妻不合就真的自己找刑財了。

和子女不和的人，是管教不得當，沒有方法。同時你自己的才華也很拙劣，所以你要自己反省一下了。再說從八字學的觀點上來說，子孫是寶爻，為福德，是我所生的，也代表我之智慧、才華。由我發洩而出者。子女宮不好，或沒有子女的人，也沒有才華，沒有福德賺到很多的錢財。也更沒有福德享用很多的財富。財要有源頭，福德宮是源頭，也要有出處子女宮是出處。如此財才能流通，財源茂盛廣進。沒有子女的人或子女宮不佳的人，財就斷了出處，無財或留不住了。所以，人一定要從基本的把六親關係顧好，得財。享用財就會容易了。有些人的財在父、子、僕、兄、疾、田等宮位，一般我們稱為閒宮，因為此人的奮鬥能力不太好，但是這些閒宮若再有傷剋，那些人不是更萬劫不復，沒有財了嗎？

要改善六親關係，其實也不難。只要知道自己家人的生日，排一張命盤出來。我有很多書是寫有關各種命格的特性和內心喜好方面的書，例如『看人過招300回』、『紫微面相學』、『如何掌握婚姻運』、『好運跟你跑』中也有談到如何和父母、兄弟、夫妻、子女、朋友相處的情形，以及『紫微談判學』中談到人和人想達到某些目的所做的交流、交換，在利用『時間』的特性下，可達成友好的願望。這些都是可幫助你改善六親關係的參考書。

自己生活的環境就是屬於你的宇宙

我們在看自己的命盤上列有十二個宮位，就彷佛看到了一個宇宙，或屬於自己的一顆星球。我們所有的精神的、物質的、感情的、實質的、個體的層面的元素全都組合了這顆星球。精神層面的東西彷佛星球上的氣體，如氧氣。物質層面的東西，彷佛星球上覆蓋的養份。感情層面的東西，彷佛照耀星球上的光與熱。實質層面和個體層面的東西，彷佛星球上的山川、樹木、岩石。星球上出現了這些東西，才有生機，創造人類生活美好的環境。所以『財』就是我們的養份，是物質的，也是宇宙運行、循環、生生不滅、永遠存在的東西。只要我們懂得去拿來用。懂得取財，取養份的方法，生命就會滋養豐富而多彩多姿。願大家從自己的命盤上，從屬於自己的宇宙裡，從屬於自己的星球之中找到養份，找到你的財。也更能蓬勃發展、周而復始，創造你自己更好的宇宙。

如何創造事業運

旺運寵物命相館

法雲居士⊙著

這是一本談如何為寵物算命的書。

每個人都希望養到替自己招財、招旺運的寵物，運氣是『時間點』運行形成的結果。

人有運氣，寵物也有運氣，如何將旺運寵物吸引到我們人的磁場中來，將兩個旺運相加到一起，使得我們人和寵物能一起過快樂祥和的日子。

讓人和寵物都能相知相惜，彷彿彼此都找對了貴人一般，這就是本書的目的。這本書不但教你算寵物的命，也讓你瞭解自己的命，知己知彼，更能印證你和寵物之間的緣份問題。

偏財運風水大解析

法雲居士⊙著

偏財運風水就是『暴發運風水』！
偏財運風水格局與一般風水不同，

好的偏財運風水格局會使人發富得到大富貴，邪惡的偏財運風水格局會使人泯滅人性，和黑暗、死亡、悽慘事件有關。
人人都希望擁有偏財運風水寶地，但殊不知在偏財運風水之後還隱藏著不為人知的黑暗恐怖面。
如何運用好的偏財運風水促使自己成就大富貴，而不致落入壞的偏財運風水的陷阱中，這就是一門大學問了。

法雲老師運用很多實例幫你來瞭解偏財運風水精髓，更會給你最好的建議，讓你促發，並平安享用偏財用所帶來的富貴！

用你的運氣來減肥瘦身

法雲居士⊙著

人身邊的運氣有好多種，有好運，
也有衰運、壞運。通常大家只喜歡好運，
用好運來得到財富和名利。

但通常大家不知道，所有的運氣都是
可用之材。

衰運、壞運只是不能為您得財、得利，
有禍端而已，也是有用處的。只要運用
得當，即能化險為夷，反敗為勝。並且
運用得法，還能減肥、瘦身、養生。

這是一種不必痛、不必麻煩，會自然而
然瘦下來的瘦身減肥術，以前減肥失敗
的人，不妨可以來試試看。

學會這套方法之後，會讓你的人生全部充滿好運和希望，所有
的衰運、壞運也都變成有用的好運了。

如何用偏財運理財致富

法雲居士⊙著

偏財運會創造人生的奇蹟，

偏財運也會為人生帶來財富，

但『暴起暴落』始終是人生中的夢魘。

如何讓暴發的財富永遠留在你的身邊，

如何用一次接一次的偏財運增高你的人生
格局。

這本『如何用偏財運來理財致富』就明確
的提供了發財的方法和用偏財運來理財致
富的訣竅，讓你永不後悔，痛快的過你的
人生！

八字王──八字算命速成寶典

法雲居士⊙著

人的八字很奇妙！『年、月、日、時』明明是一個時間標的，但卻暗自包含了人生的富貴貧賤在其中。

八字學是一種環境科學，懂了八字學，你便能把自己放在最佳的環境位置之上而富貴享福。

八字學也是一種氣象學，學會了八字，你不但上知天文、下知地理，不但能知天象，還能得知運氣的氣象，而比別人更快速的掌握好運。

每一個人的出生之八字，都代表一個特殊的意義，好像訴說一個特別的故事，你的八字代表什麼特殊意義呢？在這本『八字王』的書之中，你會有意想不到的、又有趣的答案！

紫微手相學

法雲居士⊙著

這本書是結合紫微斗數的精華和手相學的精華，而相互輝映的一本書。

手相學和人的面相有關。紫微斗數中每種命格也都有其相同特徵的面相。因此某些特別命格的人，就會具有類似的手相了。當紫微命格中的那一宮不好，或特吉，你的手相上也會特別顯示出來這些特徵。

法雲居士依據對紫微斗數的深刻研究，將人手相上的特徵和命格上的變化，一一歸納、統計而寫成此書，提供大家參考與印證！

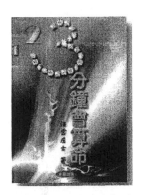

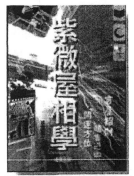

考試你最強

法雲居士⊙著

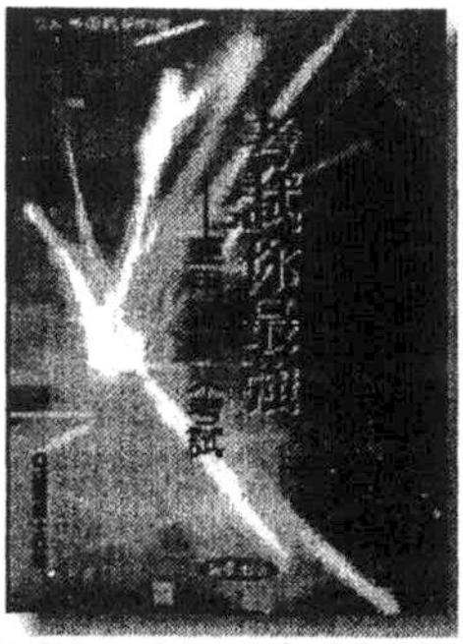

讓老天爺站在你這邊幫忙你考試

老天爺給你一天中的好時間、給你主貴的『陽梁昌祿』格、給你暴發的好運、給你許許多多零碎的、小的旺運來幫忙你 K 書、考試，但你仍需運用命理的生活智慧來幫你選邊站，老天爺才會站在你這邊！

如何運用運氣來考試

運氣是由許多小的時間點移動的過程所形成的，運用及抓住好的時間點，就能駕馭運氣、讀書、K 書就不難了，也更能呼風喚雨，任何考試都讓您手到擒來，考試運強強滾！考試你最強！

樂透密碼

法雲居士⊙著

偏財運的暴發能量 = 人的質量 × 時間^2
（本命帶財）

會中樂透彩的人，必有其特質，
其中包括了『生命財數』與『生命數字』。
能中樂透彩的人必有暴發運，
而世界上有三分之一的人擁有暴發運。
因此能中樂透彩之人，必有其數字金鑰及
生命密碼。如何運用這個密碼和金鑰匙
打開生命中的最高旺運機會，
又將在何時掌握到這個生命的最高峰，
這本『樂透密碼』，
將會為您解開『通往幸運之門的答案』！

如何掌握婚姻運

法雲居士⊙著

在全世界的人口中，只有三分之一的人，婚姻幸福美滿的人，可以掌握到婚姻運。這和具有偏財運命格之人的比例是一樣的，你是不是很驚訝！
婚姻和事業是人生主要的兩大架構。掌握婚姻運就是掌握了人生中感情方面的順利幸福，這是除了錢財之外，人人都想得到的東西。誰又是主宰人們婚姻運的舵手呢？

婚姻運會影響事業運，可不可能改好呢？
每個人的婚姻運玄機都藏在自己的紫微命盤之中，法雲居士以紫微命理的方式，幫你找出婚姻運的癥結所在，再以時間上的特性，教你掌握自己的婚姻運。並且幫助你檢驗人生和自己ＥＱ的智商，從而發展出情感、財利兼備的美滿人生！

紫微格局看理財

法雲居士⊙著

『理財』就是管理錢財，必需愈管愈多！因此，理財就是賺錢！每個人出生到這世界上來，就是來賺錢的，也是來玩藏寶遊戲的。

每個人都有一張藏寶圖，那就是您的紫微命盤！一生的財祿福壽全在裡面了。
同時，這也是您的人生軌跡。玩不好藏寶遊戲的人，也就是不瞭解自己人生價值的人，是會出局，白來這個世界一趟的。
因此您必須全神貫注的來玩這場尋寶遊戲。

『紫微格局看理財』是法雲居士用精湛的命理推算方式，引領您去尋找自己的寶藏，找到自己的財路。並且也教您一些技法去改變人生，使自己更會賺錢理財！

你的財要怎麼賺

法雲居士⊙著

這是一本教您如何看到自己財路的書。

人活在世界上就是來求財的！財能養命，也會支配所有人的人生起伏和經歷。心裡窮困的人，是看不到財路的。你的財要怎麼賺？人生的路要怎麼走？完全在於自己的人生架構和領會之中，法雲居士利用紫微命理為您解開了這個人類命運的方程式，劈荊斬棘，為您顯現出您面前的財路。

你的財要怎麼賺？盡在其中！

紫微星曜專論

法雲居士⊙著

此書為法雲居士重要著作之一，主要論述紫微斗數中的科學觀點，在大宇宙中，天文科學的星和紫微斗數中的星曜實則只是中西名稱不一樣，全數皆為真實存在的事實。

在紫微命理中的星曜，各自代表不同的意義，在不同的宮位也有不同的意義，旺弱不同也有不同的意義。在此書中讀者可從法雲居士清晰的規劃與解釋中，對每一顆紫微斗數中的星曜有清楚確切的瞭解，因此而能對命理有更深一層的認識和判斷。

此書為法雲居士教授紫微斗數之講義資料，更可為誓願學習紫微命理者之最佳教科書。

命理生活新智慧・叢書

紫微斗數全書詳析

《上、中、下、批命篇》四冊一套

◎法雲居士◎著

『紫微斗數全書』是學習紫微斗數者必先熟讀的一本書。但是這本書經過歷代人士的添補、解說或後人在翻印上植字有誤，很多文義已有模糊不清的問題。

法雲居士為方便後學者在學習上減低困難度，特將『紫微斗數全書』中的文章譯出，並詳加解釋，更正錯字，並分析命理格局的形成，和解釋命理格局的典故。使你一目瞭然，更能心領神會。

這是一本進入紫微世界的工具書，同時也是一把打開斗數命理的金鑰匙。

如何算出你的偏財運

法雲居士⊙著

這是一本讓您清楚掌握人生運程高潮的書，
讓您輕而易舉的獲得令人欽羨的事業和財富。
您有沒有偏財運？偏財運會改變您的一生！
您在何時會有偏財運？如何幫助引爆偏財運？
偏財運的禁忌？以上種種的問題，
在此書中您將會清楚地獲得解答。

法雲居士集二十年之研究經驗，利用科學
命理的方法，教您準確地算出自己偏財運的
爆發時、日。若是您曾經爆發過好運，
或是一直都沒有好運的人，要贏！要成功！
一定要看這本書！為自己再創一個奇蹟！

如何掌握旺運過一生

法雲居士⊙著

這是一本教您如何利用『時間』來改變
自己命運的書！旺運的時候攻，弱運的
時候守，人生就是一場攻防戰。這場仗
要如何去打？
為什麼拿破崙在滑鐵盧之役會失敗？
為什麼盟軍登陸奧曼第會成功？
這些都是『時間』這個因素的關係！
在您的命盤裡有哪些居旺的星？
它們在您的生命中扮演著什麼樣的角色？
它們代表的是什麼樣的時間？在您瞭解這些隱藏的契機之
後，您就能掌握成功，登上人生高峰！

如何推算大運、流年、流月

上、下冊

法雲居士⊙著

全世界的人在年暮歲末的時候，都有一個願望。都希望有一個水晶球，好看到未來一年中跟自己有關的運氣。是好運？還是壞運？

這本『如何推算大運、流年、流月』下冊書中，法雲居士利用紫微科學命理教您自己來推算大運、流年、流月，並且將精準度推向流時、流分，讓您把握每一個時間點的小細節，來掌握成功的命運。

古時候的人把每一個時辰分為上四刻與下四刻，現今科學進步，時間更形精密，法雲居士教您用新的科學命理方法，把握每一分每一秒。在每一個時間關鍵點上，您都會看到您自己的運氣在展現成功脈動的生命。

法雲居士利用紫微科學命理教你自己學會推算大運、流年、流月，並且包括流日、流時等每一個時間點的細節，讓你擁有自己的水晶球，來洞悉、觀看自己的未來。從精準的預測，繼而掌握每一個時間關鍵點。

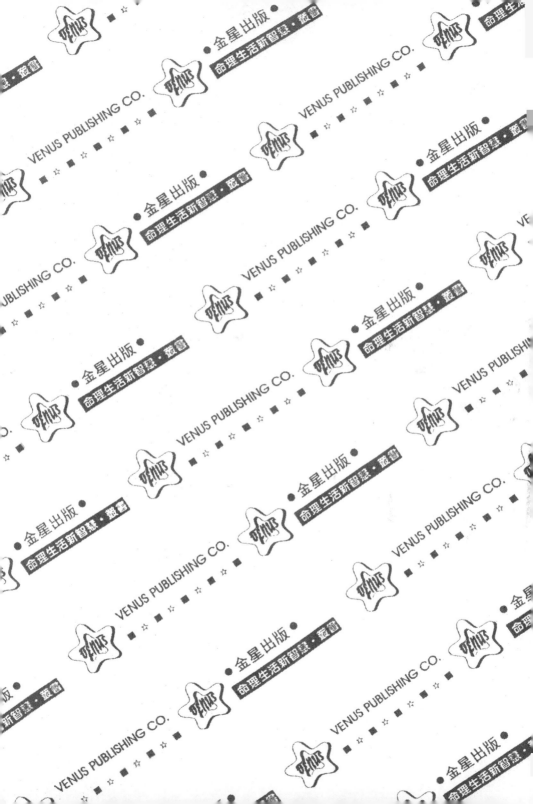